I0564960

DICTIONNAIRE

DES COULISSES.

Imp. de DEZAUCHE, faub. Montmartre, n. 11.

DICTIONNAIRE

DES COULISSES,

OU *VADE-MECUM*

A L'USAGE

DES HABITUÉS DES THÉATRES,

CONTENANT

Une foule d'anecdotes et de révélations piquantes sur les
Acteurs, les Actrices, les Auteurs, les Directeurs, les
Régisseurs, et en général sur tout le personnel composant
le monde dramatique.

SUIVI D'UNE

Notice historique sur chaque Théâtre.

PARIS,

CHEZ TOUS LES LIBRAIRES,

ET DANS L'INTÉRIEUR DES SALLES DE SPECTACLE.

—

1832.

DICTIONNAIRE
DES COULISSES.

A

ABIME. L'abîme joue un rôle important dans les mélodrames de l'ancienne école. C'est un moyen dramatique *rococo*, depuis que le viol, l'inceste et l'avortement peuvent être impunément mis en scène.

ABONNÉ. En province, les abonnemens sont la partie la plus positive des recettes d'un directeur; à Paris, on ne s'abonne guère qu'à l'Opéra et au théâtre Français.—En s'abonnant à un petit journal, l'artiste achète l'indulgence de celui qui le rédige. Il y a des artistes qui sont abonnés à tous les journaux. Moyennant 15 fr. par trimestre, ils sont déclarés, tous les matins, *sublimes*; mais le parterre leur fait quelquefois cruellement expier ce sot amour-propre.

ABSOLU. Les seuls directeurs absolus sont ceux qui paient régulièrement à chaque fin de mois. Le théâtre des Nouveau-

tés est régi par un souverain dont le pouvoir est essentiellement mitigé.

ABSURDE. Mme Astruc chantant un
couplet ; — M. de Châteauneuf, ex-direc-
teur de l'Ambigu ; — Génot jouant la comédie ;—Une tragédie de MM. de Jouy et
Arnaud père ;—Les droits d'ancienneté au
théâtre, lorsqu'ils vont jusqu'à donner
gain de cause à un amoureux de cinquante
ans contre un jeune premier de vingt-cinq
ans ; à une novice de cinquante hivers
contre la fraîcheur et la gentillesse de dix-
huit printemps ; — Le décret de 1806, à
l'aide duquel, contre toute légalité, on
peut interdire un ouvrage nouveau au moment même de la représentation , comme
il est arrivé aux Nouveautés pour le Procès d'un Maréchal de France.

ABUS. Les priviléges de l'âge ; — les
cartons portant *loge louée*, de mesdames les
ouvreuses ; — l'envahissement du parterre
par deux cents claqueurs ; — les loges ré-
servées aux autorités, telles que préfet de
police , etc., etc., abus onéreux pour les
administrations ; — la vente des billets de
faveur jusqu'à la porte des bureaux, tolé-
rée par les agens mêmes chargés de la ré-
primer.

ACADÉMICIEN. Molière ne le fut pas.

— Seuls de tous les grands acteurs qui illustrèrent la scène française, Grandmesnil et Molé firent partie de l'Institut, classe des beaux-arts. — Napoléon, qui craignait peut-être de blesser quelques vieux préjugés, n'osa point y nommer Talma, qui était si digne cependant de siéger parmi les célébrités de notre époque. — Quelques-uns de nos poètes comiques et tragiques sont académiciens. M. Guiraud siége à côté de Casimir Delavigne; MM. Roger, Laya, de Jouy et Arnaud, sont à l'Institut les égaux d'Andrieux, de Duval, d'Etienne et de Lemercier. — Béranger n'est point de l'Académie. On ne voulut point y recevoir Benjamin Constant, mais on y admettra bien certainement M. Ancelot. L'Académie paraît avoir en horreur les hautes capacités intellectuelles.

ACADÉMIE ROYALE DE MUSIQUE. Temple consacré au chant et à la danse. M. de Larochefoucault, naguère *surintendant* des beaux-arts, avait voulu en faire un lieu moral et presque religieux. Pour être favorisées de M. le chargé, les danseuses devaient ressembler à de véritables nones, entendre la messe, et chanter à vêpres. Aujourd'hui, les jupes sont raccourcies, et Mlles Legallois et Julia n'ont plus cette allure monarchique et presque

jésuitique que leur avait imprimée la fré-
quentation de personnages de hauts lieux.
Ces messieurs et ces dames vivent maintenant *en république*.

ACCAPARER. Les directeurs adroits ac-
caparent les bons auteurs et les bons acteurs. Le Gymnase a accaparé MM. Scribe,
Bayard, Mélesville, Gontier, Legrand,
Perlet, Numa, Paul, Mmes Jenny Vertpré, Jenny-Colon, et Léontine Fay. M.
Crosnier avait accaparé naguère Alexandre
Dumas, qui est retourné à l'Odéon, et
M. Victor Hugo, qui aurait pu contreba-
lancer l'influence de Dumas. Le Vaudeville
croit bien faire en accaparant M. Ancelot.
La Gaîté a jeté le grapin sur Victor Ducange. L'Opéra s'enrichit en accaparant nos
meilleurs chanteurs, et l'Opéra-Comique
cherche à lutter avec notre premier théâtre
lyrique. On n'accaparera jamais Bouchet,
Walter, Hyppolite, Mme Astruc, et cent
autres qui peuplent nos théâtres. L'Ambigu-
Comique a eu long-temps le rare privilége
d'accaparer les mauvais mélodrames.

ACCENT. Talma avait l'accent tragique. Mme Pasta a l'accent passsionné. Mme
Damoreau-Cinti a l'accent musical. Lafont
avait l'accent gascon. Mme Astruc a l'accent........

ACCESSOIRES. Terme que l'on em-

ploie au théâtre pour désigner tout ce qui
concourt à l'illusion, et n'appartient cependant pas à la décoration proprement
dite. — Bouts de rôles que les acteurs les
plus médiocres dédaignent, quoique nos
grands comédiens, Préville, Talma, etc.,
aient commencé par là. Mais, à l'époque où
ces illustres artistes vivaient, un grand
nombre de nos comédiens à la mode n'auraient pas même été jugés dignes de remplir ce modeste office.

ACCIDENS. Le chapitre le plus important des annales dramatiques. *Voir* Cam-
pagnes et parties de plaisir.

ACCOMPLI, ACCOMPLIE. Il y a peu
d'artistes qui remplissent les conditions de
cette épithète. Mlle Mars est accomplie;
Mme Dorval, dans le drame; Mme Malibran et Rubini, dans le chant.

ACCOUCHEMENS. *Voir* Ingénue.

ACCROCHÉ. On le dit d'une pièce
qu'une indisposition ou autre chose arrête
dans sa vogue. Peu de pièces sont accro-
chées aujourd'hui.

ACHAT de pièces. Il y a à Paris d'honnêtes industriels qui achètent les pièces, et
qui se font passer pour auteurs, malgré
Apollon. M. G.... est surtout renommé
pour ce genre de commerce. Dans un cer-
tain monde il passe pour un homme d'es-

prit. Mais il a perdu cinquante pour cent depuis que Théaulon ne travaille plus. — Les sociétaires du Théâtre-Français ont acheté les droits d'auteurs de Picard, Duval, et de Henri III, d'Alexandre Dumas.

ACROBATE. Mme Saqui est la plus célèbre.

ACTE. Division d'un ouvrage dramatique. Les pièces étaient divisées autrefois en un, deux, trois, quatre et cinq actes... Les romantiques ont changé tout cela. Alexandre Dumas est le premier qui ait fait une pièce en sept actes. Ce spectacle était si amusant, qu'il n'a pas été renouvelé. La dénomination de *tableaux* est aujourd'hui la plus usitée.

ACTEURS. Tous les *sujets* qui paraissent sur les planches sont des *acteurs*. Mais les comédiens sont rares. Nous ne croyons pas que ce dernier titre soit applicable à Bernard-Léon et autres farceurs qui ont le privilége du fou rire. Soit dit sans mettre en doute leur incontestable talent.

ACTION. Développement dramatique d'un sujet. Il y a peu d'action dans nos vieilles tragédies, et cependant elles intéressent; il y a beaucoup d'action dans les drames romantiques, et cependant ils ennuient. — Les pièces de Scribe pèchent souvent par le défaut d'action ; mais les détails plaident pour le fond.

ACTIONNAIRE. Dupe (*Dictionnaire de l'Académie*). S'adresser aux Nouveautés, à la Porte-Saint-Martin, à l'Ambigu-Comique, à Ventadour.

ACTIVITÉ. Secret de la prospérité des théâtres. Autrefois les petits théâtres avaient seuls de l'activité ; aujourd'hui, les théâtres royaux eux-mêmes sentent le besoin d'en avoir.

ADMINISTRATEUR. Les bons sont rares. MM. Crosnier, Véron, Harel, Poirson, Laurent, Arago, Pixerécourt, Langlois, Dartois, Taylor, Robert, sont, dit-on, de bons administrateurs. A ce compte, tous nos théâtres devraient faire fortune.

ADMISSION. Pour être auteur et acteur, il ne suffit pas d'avoir de talent ; il faut être *admis,* non par le public, mais par un comité de lecture ou par un directeur. L'état de certains théâtres prouve que ces messieurs ont quelquefois la main très-heureuse.

AFFICHE. Secret de plus d'un succès. MM. Crosnier, Harel et Poirson excellent à faire une affiche. Quand ce dernier veut faire une recette de mille écus, il lui suffit d'alonger son affiche de quelques pouces et de mettre en tête, *spectacle extraordi-*

naire, avec les pièces les plus usées de son répertoire, mais ce répertoire est charmant.

AFFLUENCE. Mot presque inconnu aujourd'hui dans le monde dramatique, mais très en usage dans les journaux de théâtres. *Robert-le-Diable* est à peu près le seul ouvrage qui, depuis un an, ait attiré *l'affluence*.

AGE. Le seul secret que les artistes savent garder. Mlle Mars a trente ans.... à la scène.

AGENCES et Bureaux de correspondances dramatiques. Espèces de bazars où l'on trouve, moyennant commissions, Talmas, Mars, Ellévious, Martins, Rubinis, Pastas ; le tout au plus offrant et dernier enchérisseur. Le *sujet* qui a été recommandé par les directeurs d'agences, est presque toujours sifflé. Le *Journal des Comédiens* est l'organe officiel de ces espèces de *bureaux de placement*.

AGRÉMENT. Avoir de l'agrément, c'est-à-dire, être applaudi dans un rôle. Mme Astruc n'a jamais d'*agrément*. Mme Dorval, Léontine, Bocage, Nourrit, Frédéric, Odry, Chollet, Vernet, Arnal, Lepeintre, Philippe, Déjazet, Pauline, Mme Albert, en ont toujours.

ALLÉGORIE. Ballet allégorique, genre autrefois en vogue ; nous en sommes heureusement débarrassés.

ALLUMEUR. L'un des hommes les plus indispensables d'un théâtre. Il gagne communément quarante sous par jour.

ALLUSION. Le théâtre de la restauration vivait d'allusions. Alors, il n'était point permis de dire tout ce que l'on pensait. Aujourd'hui, c'est bien différent. Exemples : *le Procès d'un Maréchal de France*, aux Nouveautés, et *le Fossé des Tuileries*, aux Variétés.

AMANT. Équipages, cachemires, toilettes, écrins, etc. Les plus célèbres sont ceux de Mlles Noblet et Legallois.

AMATEUR. Il y en avait autrefois au Théâtre-Français. Aujourd'hui, on en trouve encore quelques-uns aux Bouffes.

AME. Qualité peu commune. Mmes Dorval, Malibran, Pasta, en ont beaucoup. Mmes Damoreau et Moreau-Sainti, en sont dépourvues.

AMENDE. Mademoiselle, la répétition a commencé sans vous..... Monsieur, vous avez manqué votre entrée..... Madame, on a lu ce matin une pièce nouvelle aux acteurs, et vous n'y étiez pas : amende, amende, et trois fois amende. L'artiste est amendé, et ne s'amende pas pour cela. Il est si agréable de se promener au bois de Boulogne, et de déjeûner chez Tortoni !

AMOUR. Maladie inconnue au plus

grand nombre de nos actrices. On feint l'amour, mais on ne le ressent pas. — La meilleure des spéculations au théâtre.

AMOUREUSES. Emploi que certaines actrices remplissent depuis trente ans.

AMPHITHÉATRE. Place réservée à la petite propriété, aux spectateurs à soixante centimes. Une mise soignée n'y est pas de rigueur. On ne laisse pas ses sabots à la porte.

ANACHRONISME. Quelques-uns de nos vaudevillistes en sont prodigues. M. B..... est, dit-on, très-fort en anachronismes et en latin, ce qui ne l'empêche pas d'être homme d'esprit. MM. V. , E. , et autres, connaissent parfaitement les langues mortes et l'histoire.

ANALYSES. Partie importante des journaux littéraires qu'on ne lit jamais.

ANCIENNETÉ. Seul mérite d'un grand nombre d'artistes. Les cadets de famille ont souvent plus d'esprit que leurs aînés.

ANECDOTIQUES (Pièces). Tombées en discrédit, comme les prétendus romans historiques de nos auteurs à la mode.

ANIMAUX (Emploi des). C'est l'emploi qui serait le mieux rempli, si certains artistes n'avaient point de prétentions.

ANNÉE THÉATRALE. Elle a pour terme et pour commencement le jour de Pâques.

L'époque du renouvellement de l'année théâtrale est celle des mutations dans les troupes de comédie. Alors, les directeurs se débarrassent de ce qu'on appelle vulgairement les *ganaches.*

ANNIVERSAIRES. On fête encore ceux de Molière, de Corneille et de Racine. On ne fête jamais ceux de nos auteurs modernes.

ANNONCES. « Messieurs, notre cama- « rade se trouvant subitement indisposé, « me charge de réclamer pour lui votre in- « dulgence, » Traduction de style vulgaire : « Soyez moins rigoureux pour le « talent négatif. »

ANONYME. L'auteur désire garder l'anonyme, c'est-à-dire, il désire dérober son nom aux sifflets. *Modestie.*

ANTICHAMBRE. On fait antichambre chez certains comédiens, comme chez un premier ministre. *Ridicule.*

APLOMB. Les acteurs qui ont beaucoup de talent manquent ordinairement d'aplomb. Talma tremblait en entrant en scène. Mme Dorval a besoin d'être rassurée par les applaudissemens. Les mauvais acteurs sont ceux qui ont le plus d'aplomb.

APPLAUDISSEMENS. Les spectateurs payans n'applaudissent plus depuis que les claqueurs ont envahi le parterre de nos théâtres. Il en résulte souvent que les bons comédiens ne sont point applaudis , tandis que les mauvais acteurs sont accueillis par une triple salve. Le public sait heureusement à quoi s'en tenir sur ces ovations ridicules.

APPAS. *Voir* BONNETIER.

APPOINTEMENS. Les appointemens des acteurs se sont élevés constamment depuis dix ans , tandis que les recettes ont été dégringolando. Un premier rôle de mélodrame joue 3oo à 35o fois par an , et gagne 6,ooo francs. Mme Malibran gagne 1,3oo francs par représentation ; Rubini et Lablache , 1,ooo francs ; Potier , cent écus ; Mme Astruc , 4o sous. Elle joue tous les jours. Les directeurs travaillent depuis le matin jusqu'au soir , et perdent cinquante mille francs par année.

ARBITRAIRE. Conduite de l'autorité dans l'affaire des Nouveautés , à propos du *Procès d'un Maréchal de France* , et dans celle des Variétés , à propos du *Fossé des Tuileries.*

ARGENT. Le meilleur comédien est celui qui fait le plus d'argent (style administratif). Peu d'acteurs ont aujourd'hui ce privilège. Les bonnes pièces jouées avec ensemble sont celles qui font le plus d'argent. Mlle Mars fait encore un peu d'argent au Théâtre Français; Mme Albert, au Vaudeville; Nourrit et Mme Damoreau, à l'Opéra; Rubini, Lablache et Mme Malibran, aux Italiens; Mlle Déjazet et Lepeintre au Palais-Royal; Vernet et Odry, aux Variétés; Chollet et Mlle Prévost, à l'Opéra-Comique; Frédéric, Mme Dorval et Mlle Georges, à la Porte-Saint-Martin et à l'Odéon; Mlle Verneuil, à la Gaîté; les chevaux, au Cirque-Olympique.

ARISTARQUE. Un petit monsieur qui parle haut, au foyer, tranche toutes les questions, et dort dans une stalle de l'orchestre. Il a ses entrées dans tous les théâtres.... C'est le claqueur de la littérature.

ARMES. Jouaient autrefois un grand rôle dans les mélodrames de M. Pixérécourt. On les a remplacées par l'action et l'intérêt. Quelques actrices ont des armes sur la voiture de leurs amans.

ARRANGEUR. Espèce d'auteur qui vit de l'esprit d'autrui. M. Scribe arrange avec esprit les idées d'autrui, Castil-Blaze dérange Molière et Régnard, et compose de méchans vers sur la musique de Wéber, de Mozart et de Rossini. Il gagne à ce métier 20,000 francs par année. Quelques descendans de Molière et de Régnard meurent peut-être de faim. *Justice.*

2.

ART. Talma avait beaucoup de naturel; Baptiste aîné a beaucoup d'*art*.

ASSEMBLÉES (de comédiens ou d'auteurs). Cour du roi Pétaut. Un étranger qui assisterait à une de ces assemblées, sauf la liberté illimitée avec laquelle chacun s'y exprime, se croirait au milieu d'un sénat législatif.

ASSURANCES. *Voir* Claqueurs.

ATELIERS. L'atelier dramatique le plus en vogue aujourd'hui, celui d'où sortent les meilleures marchandises, est connu sous la raison de commerce *Scribe et compagnie*.

ATTENDANT (En). Quand une pièce a été jouée trois fois sans succès, le directeur fait précéder l'annonce de la quatrième représentation, par les mots *en attendant*, ce qui veut dire *ajourné indéfiniment*. C'est une sorte de consolation que l'on offre à l'auteur *dégommé* (technique). Pour ceux qui connaissent le langage des régies, *au premier jour* veut dire *bientôt, incessamment, peut-être*; et *en attendant, jamais*.

AUTEUR. C'est un métier pour quelques-uns; un art, pour le plus petit nombre. Casimir Delavigne, Scribe, Dumas, Mélesville sont des auteurs également consciencieux.

AVANCEMENT. Le soldat devenu caporal; le surnuméraire, employé ; le diacre, vicaire ; le substitut, avocat-général ; le conseiller, président de cour; tout le monde avance : seul, le pensionnaire n'avance pas ; il devient sociétaire *in partibus*, c'est-à-dire, *sans part*.

AVANCES. Les directeurs ont perdu l'habitude des avances. C'est bien assez de payer à l'expiration du mois.

AVANT-SCÈNE. Partie de la salle où se placent les personnes aisées, les fashionables, les petites maîtresses. et les demi-vertus. Espèce de Palais-Royal avant l'ordonnance Mangin.

B

BAISSER. La recette baissait à la seconde représentation de *Louis IX* de M. Ancelot. Les recettes ont baissé considérablement dans tous les théâtres depuis la révolution de juillet. Le talent de Mme Pasta baisse ; celui de Mme Astruc ne peut pas baisser.

BANQUISTE. Espèce de bateleur chargé de prendre le public par de belles paroles. C'est le *banquiste* qui fait, à la porte des théâtres forains, l'annonce du spectacle, la parade qui allèche les badauds et les farces grossières par lesquelles on prélude aux exercices de *l'acrobatie* et de *l'équilibre*. Certains journalistes sont, à Paris, de véritables banquistes.

BALS MASQUÉS. Celui de l'Opéra est le plus célèbre. On s'y ennuie sous les auspices du bon ton. Le bal du foyer des Variétés et celui du Palais-Royal sont les plus amusans.

BALLET. Partie essentielle d'un vieil opéra. Le ballet n'est plus de rigueur aujourd'hui. On le réserve pour la fin du spectacle. Après la grande pièce, la farce.

BASSE-TAILLE. La plus célèbre est celle de Lablache ; la plus accentuée, celle de Levasseur ; la plus forte, celle de Galli ; la plus ridicule, celle de Dérivis père ; la plus grosse, celle de Boullard ; la plus nulle, celle de Sallard.

BEAUTÉ. Moyen de début infaillible. La beauté n'est pas le talent, mais elle y supplée souvent, exemple Mlle Falcoz. Les actrices les plus célèbres de nos jours réunissent le talent à la beauté, exemples Mmes Mars, Dorval, Léontine, Despréaux, Albert, Malibran. Il y a des actrices qui n'ont ni talent ni beauté : exemple Mme Astruc.

BÉNÉFICE (représentation à). Autre—

fois, après trente ans de service, on obtenait une représentation à bénéfice. Aujourd'hui, les acteurs se donnent mutuellement des représentations qui ne sont productives qu'aux directeurs, qui commencent toujours par prélever douze ou quinze cents francs pour leurs frais journaliers. Huet est le bénéficiaire le plus célèbre. Il a obtenu cinq ou six représentations à son bénéfice qui lui ont valu chacune de 25 à 30,000 francs.

BÊTISE. Baptiste cadet, Brunet, Potier, Odry; Arnal, Legrand, etc.

BILLETS. L'une des sept plaies qui rongent les administrations dramatiques. Le commerce de billets n'a jamais été aussi scandaleux que depuis qu'il est prohibé par une ordonnance de police affichée à la porte de tous les théâtres.

BISSÉ. Se dit d'un couplet. On ne bisse plus guère aujourd'hui que les couplets politiques. Il en coûte à un auteur, ou à un auteur médiocre, de six à dix billets pour obtenir ce degré de succès, très-ambitionné aux petits théâtres.

BIZARRE. Tous les auteurs le sont aujourd'hui. C'est presque le seul moyen pour obtenir un succès. Nous n'en félicitons pas le public.

BONHOMIE. Michelot et Saint-Phal avaient de la bonhomie. C'est une qualité dont sont tout à fait dépourvus nos pères nobles.

BOURSE. Les caissiers de nos théâtres sont presque déshabitués de son usage. Ils n'ont pas le temps d'encaisser les recettes.

BRIOCHE. L'engagement de Mlle Mélas à l'Opéra Italien; — la construction de la salle Vantadour; — la double entreprise, par un seul administrateur, *de l'Odéon et de la Porte-Saint-Martin.*

BRULER LES PLANCHES. Philippe, Bernard-Léon, Bosquier-Gavaudan, brûlent les planches.

BULLETIN. « Le père est une *ganache,* « l'amant n'a point de toupet, l'amoureuse « est une bégueule, l'action est embrouil- « lée, la pièce est *ennuyante* et mal écrite: « je refuse. » Tel est, dit-on, le bulletin que fit tomber naguère dans l'urne l'une des plus jolies actrices de la Comédie-Fran- çaise, un jour qu'il s'agissait de juger une comédie d'un de nos auteurs les plus spiri- tuels. Nous n'osons garantir le fait.

BURALISTE. Sinécure.

C

CABALE. La cabale, dans nos théâtres,

est à présent une organisation de forces mobilières que la police même ne saurait dissoudre. Le jour d'une première représentation, la cabale siége dans toutes les parties de la salle : au parterre, sous la forme d'un claqueur patenté ; à la galerie, sous celle d'une élégante qui rit ou pleurniche ; au balcon, sous celle d'un journaliste bienveillant ; dans les loges, sous celles des amis de l'auteur, de ses créanciers, de ses fournisseurs, tous personnages bienveillans par état, et doués d'une bonne paire de mains. Le Gymnase, les Variétés, le Vaudeville, le Palais-Royal et l'Opéra-Comique commencent à se débarrasser de la cabale.

CACHEMIRES. Moyen infaillible pour triompher de la vertu d'une actrice. Il n'y a pas d'exemple qu'on y ait résisté.

CACHET. Peu d'acteurs impriment un cachet original à leurs créations. C'était le propre du talent de Talma. Bocage, Gontier et Bouffé donnent un cachet particulier à leurs rôles.

CACOPHONIE. Entendre quelquefois les chœurs de nos théâtres lyriques.

CAISSE. Ce qu'on appelle le vide en physique. C'est le public qui est le démonstrateur.

CAISSIER. Fonctionnaire trop souvent inactif.

CAMARADE. Dans les théâtres, les acteurs sont tous camarades, ce qui n'est point synonyme d'amis.

CAMPAGNE. Cause qui produit les accidens. *Voir ce chapitre.*

CANAPÉ. Meuble indispensable à la loge d'une actrice.

CANCANS. Conversation du foyer. Là, on cancanne sur tout le monde; sur le directeur, sur le régisseur, sur les auteurs, sur *le camarade* que l'on quitte, sur l'actrice que l'on courtise. Les répétitions se passent très-souvent en cancans. C'est pourquoi les pièces restent aussi long-temps à l'étude.

CAPRICES. Les comédiens en ont; les comédiennes n'en ont point.

CARTONS. Oubliettes où s'enfouissent les ouvrages dramatiques. On dit qu'il n'y a pas moins de cent cinquante pièces dans les cartons du Théâtre-Français. Les petits théâtres n'ont point de cartons. Là, on travaille au jour le jour.

CÉLÈBRE. On est célèbre à plus d'un titre. Peu d'acteurs modernes auront droit après leur mort à la célébrité de Talma.

CENSEURS. Phénix littéraires qui pourraient bien renaître de leurs cendres.

CHAMBRÉE. *Les Vêpres Siciliennes,
la Pie voleuse, Sylla, les Forçats, Jocko,
le Joueur, l'École des vieillards, la Neige,
Polichinelle vampire, les Cuisinières, Napoléon*, ont deux cents fois rempli la salle.
Histoire ancienne.

CHARGE. *Werther*, joué par Potier;
Clorinde, imitant Léontine Fay; Arnal
et Odry; Mme Paradol et Mlle Charton dans la tragédie; Mme Astruc en
soubrette, sont d'excellentes charges.

CHARIVARI. La musique de MM. Piccini, Sergent, etc., etc. L'orchestre du
Théâtre-Français.

CHARLATANISME. Applaudissemens
des claqueurs, éloges emphatiques des
journaux; spectacle demandé et spectacle
extraordinaire sur l'affiche; M. ..... ou
Mme ..... remplira le rôle de .....; rappel
après le spectacle.

CHARPENTE. On le dit d'une pièce bien
conduite et dont l'action est bien développée. Les pièces de MM. Alexandre Duval,
Scribe et Dumas sont dans cette catégorie. Victor Ducange charpente bien ses
mélodrames : mais il tue ses développemens dramatiques par des détails trop prolixes.

CHAT. Accident de la voix, du larynx
ou de la poitrine. Quand un artiste lyrique

chante mal, il en accuse le *chat*. M. et Mme Sallard, Mlles Camoin, Pougaud, etc., etc., ont toujours des *chats* dans la gorge.

CHAUFFER. Action du chef de cabale. Tarkeim, vous chaufferez ce soir l'entrée de Mlle Pougaud (théâtre des Nouveautés, paroles de M. ....). Mouchette, vous chaufferez M. ou Mme une telle à son entrée en scène (Théâtre-Français). Secret de plus d'un succès. Le meilleur chauffeur de la capitale est, dit-on, M. Porcher, chef de cabale de l'Ambigu.

CHEF-D'OEUVRE. *Athalie, les Cuisinières, Tartuffe, Jocko, Don Juan, les Bonnes d'enfans, Antony, la Marchande de goujons, il Barbiere di Siviglia, Robin des bois, les Jocrisses, les Petites Danaïdes.*

CHEFS D'EMPLOI. Les doublures valent souvent beaucoup mieux.

CHOEUR. Agglomération d'hommes et de femmes, qui chantent souvent faux et sans ensemble. Les meilleurs sont ceux des Bouffes et de l'Opéra. On dit que ceux du théâtre de Toulouse sont excellens. Que ne viennent-ils à Paris?

CHUT. Le *chut* désapprobateur fait le désespoir des mauvais comédiens. Un homme d'esprit a dit qu'un *chut*, fortement

articulé et capable d'imposer silence aux
cabaleurs, égale tous les sifflets du monde.

CHUTE. La plus célèbre est encore celle
du *Mariage de Figaro*. Nos directeurs vou-
draient en avoir souvent comme cela. *Joseph
Trubert*, au Vaudeville ; le *Chanteur de
Romances*, aux Variétés ; Mlle Mélas,
aux Italiens ; et *Mirabeau*, à l'Odéon ;
sont les mieux conditionnées de l'année
1831.

CIRCONSTANCE (Pièces de). Les plus
stupides du répertoire. Nous connaissons
un auteur qui en a constamment, en porte-
feuille, une collection pour tous les régi-
mes et pour toutes les époques.

CLAQUEUR. Vous pouvez étudier le
claqueur à toutes les premières représentations de pièces nouvelles, car le parterre
lui est presqu'exclusivement livré. Le
chef reçoit communément pour ces solennités, cent ou cent cinquante places.
Il en vend le tiers, et distribue le reste à
ses *hommes*. Ce chef a sous ses ordres un
lieutenant et un *commis* (technique) qui
gagnent trente sous par jour, sans compter
les *demi-setiers* et les *polichinels* des entr'actes. Lorsqu'une pièce n'a pas *bronché*
(technique) l'auteur donne ordinairement
une petite prime en argent au chef. Les entre-
preneurs de succès les plus renommés de la

capitale sont MM. Mouchette, Tarkeim frères, Sauton et Léon. Il y a tel de ces messieurs qui a gagné quinze mille livres de rentes à ce métier.

CLASSIQUE. Rococo.

CLOCHE. Elle appelle les acteurs pendant la durée du spectacle. L'amende répond des infractions à ses ordres. La cloche est sonnée par un garçon de théâtre, espèce de fainéant dont les fonctions se bornent à se promener les bras croisés dans les corridors et sur la scène.

COLLABORATEUR. C'est souvent un monsieur qui a trouvé par hasard une idée ; plus souvent un furet de coulisse qui connaît les directeurs, les acteurs, les membres du comité, et qui, en cette qualité, fait les courses. A ce titre, il perçoit un tiers, un quart, et peut dire : « Avez- « vous vu ma pièce ; voulez-vous un billet « pour la centième représentation de ma « pièce ? » Vous reconnaîtrez le collaborateur à son dos voûté, au sourire protecteur qui effleure constamment ses lèvres, et à son affection pour le petit verre.

COMÉDIEN. « L'art de se contrefaire, de revêtir un autre caractère que le sien, de paraître différent de ce qu'on est, de se passionner de sang-froid, de dire autre chose que ce qu'on pense aussi naturellement que si on le pensait naturellement, et d'oublier enfin sa propre place à force de prendre celle d'autrui. » Rousseau a défini ainsi le talent du comédien. Après cela, nous demanderons si les meilleurs comédiens sont au théâtre.

COMIQUE. *Tartuffe* et *Pausias* de *Nicomède*, appartiennent au haut comique. *Le Légataire universel* est plus plaisant que réellement comique. — Bouffé est un comique de bon goût ; Sanson et Perlet sont des comiques froids ; Bernard – Léon et Odry sont des comiques charges ; Monrose est un comique plein de verve et de bon goût.

COMITÉ DE LECTURE. Rosambeau, entrant un jour dans le cabinet du directeur de l'Opéra-Comique, aperçut une rangée de bûches accolées à la muraille. « Pardon, dit-il en se retirant, je ne veux « point déranger le comité de lecture. » Beaucoup de membres de comités de lecture sont tout-à-fait illettrés. Presque tous les directeurs ont pris le parti de recevoir les pièces eux-mêmes. *Sagesse.*

COMMANDE. On commande une pièce à Scribe, à Dumas, à Brazier, à Victor Ducange. On n'en commande jamais à MM. Villeneuve, Valory, etc.

3.

COMMERCE. Voir *Billets* , *Achats de pièces* , etc.

COMMISSAIRE DU ROI. Il n'y en a plus qu'un , M. Taylor, au Théâtre-Français. C'est un homme d'esprit.

COMMISSIONNAIRES. Personnages officiels affublés d'un habit gris à collet rouge. Ce sont les aristocrates du métier. Les pauvres diables en gilet rond , qui font , comme eux, le commerce de contre-marques, en sont les démocrates. On a observé avec raison qu'il ne fallait point une livrée pour avoir le droit de crier : *Demandez votre voiture !* Qui cède son billet ? Voulez-vous un parterre, un or-chestre, *mon bourgeois !....* Les commis-saires-marchands de contre-marques sont l'effroi des piétons.

COMPARSE. Espèce de machine qui re-çoit 75 centimes par jour pour être tour à tour Grec , Romain, Polonais, Russe , vainqueur, vaincu ; pour recevoir des coups de bâton , de plat de sabre ou de crosse de fusil. C'est l'obéissance passive dans son beau idéal. Il y a des comparses amateurs. Ceux-là sont doués du feu sacré.

COMPOSITEURS. Les plus célèbres de l'époque sont Rossini, Boyeldieu , Mayer-Beer, Aubert, et Hérold.

COMPOSITION. La composition d'un spectacle est l'affaire d'un régisseur adroit. *Richard Darlington* et *Victorine*, spectacle attrayant; *la Grande Dame*, *la Seconde année*, *Philippe et le Dey d'Alger*, idem; *Andromaque* et *le Médecin malgré lui*, 50 *francs de recette; le Modèle*, *Paganini Émile*, spectacle ridicule.

CONCERT (Chanteur de). Étienne Thénard, Mmes Damoreau, Bordogni. — Un concert est l'ennui divisé en douze morceaux de musique.

CONFIDENT. Emploi nul aujourd'hui. Dumilâtre était un excellent confident; Mme Tousez était une excellente confidente. Que font-ils au Théâtre-Français, depuis que la tragédie classique est enterrée ?

CONGÉ. Certitude de récolte pour Lepeintre, Bouffé, Frédéric, Bocage, Ligier, Chollet, Mmes Mars, Léontine Fay, Jenny-Vertpré, Damoreau, etc., etc. Les directeurs ne prodiguent cette faveur qu'aux mauvais comédiens. Mme Astruc est toujours en congé.

CONNAISSEUR. Il est toujours au Théâtre-Français, quand joue Mlle Mars; à l'Opéra, lorsque chantent Nourrit, Levasseur et Mme Damoreau; aux Bouffes, quand les noms de Rubini, de Lablache et de Mme Malibran, figurent sur l'affiche. Le connaisseur a naturellement des préjugés dramatiques. C'est pourquoi on ne le rencontre jamais à certains théâtres.

CONSCIENCE. Les journalistes en ont peu. Les hommes d'état n'en ont pas.

CONSIGNE. La consigne est si bien observée à la porte des théâtres, que l'on rencontre toujours dans les coulisses une foule de personnes qui n'y ont pas leurs entrées.

CONTRE-MARQUE. Commerce qui se fait à la porte des théâtres, et qui cause un grand préjudice aux recettes. Les billets d'auteurs et d'administration se transforment en contre-marques après la première pièce, et tiennent ainsi lieu de billets pris au bureau. Il y a à Paris une classe nombreuse de personnes qui ne vivent que de ce trafic.

CONTRE-POINT. Talent du musicien qui n'en a pas d'autre : Fétis, Batton, etc.

CONTROLEUR. Cerbère.

COQUETTES (Emploi des). Mlle Mars dans *le Misantrope* et *le Tartuffe*. Beaucoup d'ingénues sont *grandes coquettes* dans le monde, et *vice versâ*.

CORNAC. Définition par un homme d'esprit, M. H..... « Venez passer demain « la soirée chez moi, vous entendrez une

« comédie..,... — De vous? — Non, de
« mon ami A..... Il me reste encore deux
« billets de galeries pour la première re-
« présentation de la pièce qu'on donne ce
« soir à l'Opéra-Comique; je vous les offre.
« — Quoi! c'est vous qui êtes l'auteur?
« Non, c'est de mon ami A....., qui m'a
« chargé de distribuer ses billets. C'est un
« homme étonnant, que mon ami A.....!
« Je prétends que personne, en France,
« n'a plus d'esprit et d'imagination. » Voilà
le langage que tient *le cornac*, véritable
compère de l'auteur en réputation, porte-
voix complaisant, incapable, d'ailleurs,
d'être autre chose qu'un facteur de la renommée.

CORRECTION. Une pièce qui ne se reçoit qu'à corrections est une pièce refusée.
C'est un moyen honnête de se débarrasser
de l'auteur. *Les Vêpres siciliennes* furent
reçues à correction par le comité de lecture
du Théâtre-Français..... *La Reine d'Espagne* fut reçue à l'unanimité.

CORYPHÉES. Chefs des chœurs : Tré-
vaux à l'Opéra, Dalpi aux Italiens,
Louvet à l'Opéra-Comique. Ce sont les
Faure et les Dumilâtre du chant.

COSTUME. Cette partie si importante
de l'illusion théâtrale était totalement négligée en France jusqu'à Talma. Avant lui,

les acteurs tragiques paraissaient en scène
la tête poudrée, les pieds hissés sur de
hauts talons rouges, et le corps affublé
d'une toilette ridicule. Aujourd'hui, l'exac-
titude du costume est poussée à un degré
de perfection réellement extraordinaire.
Le Théâtre-Français et le Gymnase sont
les théâtres de Paris où les acteurs se met-
tent le mieux.

COTERIE. Pour parvenir à faire recevoir une pièce ou à débuter à un théâtre,
il faut faire partie d'une coterie. Sans
cela, eussiez-vous plus d'esprit que Scribe,
plus de talent que Talma, vous n'arriveriez
pas.

COTHURNE. Chaussure des anciens
acteurs tragiques.

COULISSES. Lieux où tout le monde
peut pénétrer avec un peu d'audace. Rendez-vous des acteurs, des médecins du
théâtre, des journalistes et des amans de
ces dames.

COUPURE. Proposer de faire des cou-
pures à une pièce, c'est enfoncer le poi-
gnard dans le sein d'un auteur dramatique.
Ces messieurs tiennent à leur prose, comme
Harpagon à ses vieilles guenilles.

COUR. Les actrices à la mode ont leur
petite cour, qui se compose des protecteurs

de la dame , des auteurs et des journalistes. Mme Astruc n'a jamais eu de cour.

COURBETTE. Action nécessaire pour recevoir une pièce , ou obtenir la faveur d'un début.

COUTUME. On ne siffle jamais à l'Opéra et aux Italiens ; mais il n'est pas défendu d'y bâiller.

CRÉER. Se dit de l'auteur qui joue le premier un rôle nouveau. A ce compte , Dumilâtre et Faure sont des hommes de génie.

CRI. Entendre Duparrai , Dabadie et sa femme, et Mme Sallard , quand elle chantait.

D

DAGUERRE. Homme de génie qui a inventé *le Diorama.*

DAMES. Les actrices, femmes ou demoiselles, prennent en général le nom de dame : c'est une précaution pour l'avenir. Mlle Pougaud était depuis quinze jours seulement aux Nouveautés, qu'elle était déjà *dame* dans toute l'acception du mot.

DAMNÉ. Tout comédien est damné. Molière est aux enfers. A ce compte, personne ne voudrait aller en Paradis.

DÉBIT. Celui de Talma était naturel et solennel à la fois; celui de Baptiste, aîné est savant; celui de Mlle Mars est facile et spirituel; celui de Potier, d'Arnal et d'Odry, est spirituel; celui de Bocage est quelquefois affecté; celui de Frédéric est, quand la situation l'exige, dramatiquement effrayant; celui de Mlle Léontine est souvent prétentieux; celui de Beauvalet est sombre; celui de Ligier est à effet; celui de Lockroi est quelquefois faux.

DÉBUT. But vers lequel tendent les efforts de tous ceux qui se destinent au théâtre. Les femmes ont beaucoup plus de chances que les hommes. D'abord, elles n'ont pas besoin de faire preuve de talent; elles doivent seulement avoir une jolie figure et des *complaisances.* Chose remarquable, Fleury fut repoussé à ses premiers débuts; Préville ne réussit pas; Lekain n'eut point de succès, et Lafon excita des transports d'euthousiasme.

DÉCADENCE. La décadence de l'ancien Théâtre-Français est évidente. Les petits théâtres s'élèvent aujourd'hui sur les ruines des grands, et la musique broche sur le tout. Elevez donc des théâtres d'opéras-comiques ou de mélodrames.

DÉCENCE. Pour mémoire.

DÉCLAMATION. Mot rayé aujourd'hui du *Dictionnaire dramatique*. Desmousseaux et Mme Paradol déclament encore dans l'ancienne tragédie. Talma et Mlle Georges ont tué ce genre de diction qui était destructif de tout naturel. Lafont est le plus grand déclamateur que nous ayons entendu.

DÉCLIN. Mot à appliquer au talent de Mlle Mars dans les rôles d'ingénue, à celui de Mme Pasta et de Ponchard. Il y a des *talens* qui ne déclineront jamais.

DÉCORS. Comme le costume, cette partie de l'art théâtral était totalement négligée autrefois. Aujourd'hui, beaucoup d'ouvrages dramatiques brillent seulement par cet accessoire obligé. On cite comme des chefs-d'œuvre, ceux du *Songe* et de *Nostradamus*, par Daguerre ; de *Mandrin*, par Cicéri ; de *Faust*, par Lefèvre, et de *Robert-le-Diable*, par Cicéri.

DÉFICIT. Le budjet d'un grand nombre de nos théâtres.

DEMANDÉ (Spectacle). Voir *Charlatanisme*.

DÉMISSION. Il n'y a que les bons comédiens qui la donnent. C'est une manière honnête de demander une augmentation d'appointemens.

4

DEMOISELLE. On est rarement demoiselle quand on débute dans un théâtre.

DÉNOUEMENT. Autrefois, le dénouement d'une tragédie était un crime ; celui d'une comédie, un mariage ; celui d'un mélodrame, le triomphe de la vertu. Aujourd'hui, c'est une chose bizarre, inattendue, comme dans *Richard Darlington* et *Antoni*. La recherche d'un dénouement est la chose la chose la plus importante pour un auteur. Ceux de Scribe et de Dumas sont presque toujours d'un effet neuf et piquant.

DÉPARTEMENT. L'Eldorado des grands acteurs de Paris. Lepeintre aîné est l'enfant chéri des départemens.

DÉPENSES. La partie la plus *positive* des administrations dramatiques. Les recettes en sont la partie la plus *claire*.

DÉPOT des cannes, armes et parapluies. Piège où vont se perdre les cannes à dards, à poignards et à épées. Les officiers de paix ont droit de visite dans ces *dépôts*, et ils confisquent tout ce qui rentre dans cette dernière nomenclature.

DÉSAGRÉMENT. Synonyme de *sifflets*. Le mot de *sifflets* est si *mal sonnant* aux oreilles des acteurs, que, pour le désigner, ils se servent toujours d'un synonyme, ou d'une périphrase.

DESPOTISME. Droits de l'ancienneté.

DIAMANS. A l'aide d'un cachemire, certaines actrices résistent trois jours; à l'aide de diamans, elles cèdent ordinairement le premier. Mlle Mars a été surnommée *le diamant* du Théâtre – Français.

DIPLOMATE. Un monsieur qui s'enferme pour tailler des plumes, qui assiste régulièrement aux représentations de l'Opéra, soit à l'orchestre, soit dans les coulisses. On reçoit communément de 150 à 200,000 frans par an, pour remplir ces fonctions difficiles.

DIRECTEUR. Celui qui gagne le moins et qui risque le plus dans une administration théâtrale. Il y a peu d'exceptions à cette règle générale.

DISTRIBUTION. Ce n'est pas le tout de composer et de faire recevoir une pièce de théâtres. Il faut *la distribuer.* C'est le signal des combats d'amour-propre. Il y a telle pièce qui n'a pu être jouée, parce qu'on n'a pu la distribuer. La *distribution* de *l'École des Vieillards* a peut-être coûté plus de peine que la composition même de la pièce.

DIVERTISSEMENT. Le ballet qu'on exécute pendant ou à la fin d'un opéra. Cela n'est cependant rien moins que *divertissant.*

DRAME. Genre bâtard autrefois, et en vogue aujourd'hui. Alexandre Dumas relève tout à fait le drame.

DUÈGNE. L'emploi le plus mal joué, parce que toutes les actrices le dédaignent. Nos meilleures duègnes sont : Mmes Desmousseaux, Saint-Amand, Baroyer et Tobi.

E

ÉCRIRE. Art que beaucoup d'actrices et même d'acteurs ignorent. Pour quelques-uns d'entre eux, savoir écrire est évidemment du luxe.

EFFRONTERIE. L'effronterie tient souvent lieu de talent.

EMPLOI (Technique). Genre de rôle affecté à chaque acteur ou actrice, et que l'engagement stipule. Dumilâtre joue les rois de la tragédie ; Bouchet, les jeunes premiers ; Mme Astruc, les Devienne ; Mlles Camoin et Pougaud tiennent l'emploi des premières chanteuses ; Faure, les Dugazon... Voilà, sans contredit, des emplois bien remplis.

EMPRISONNEMENT. Avant la révolution, et même sous l'empire, on infligeait cette punition aux comédiens. Brunet a été emprisonné plusieurs fois pour ses quolibets contre le préfet de police Dubois, et contre l'empereur lui-même. Aujourd'hui, les comédiens sont comme tous les autres citoyens, sous la protection de la loi civile. Mais on les excommunie toujours.

ENNUI. *Sensation* que l'on éprouve souvent à la représentation des pièces à la mode.

ENSEMBLE. Il n'y a que les pièces jouées avec *ensemble* qui obtiennent du succès. L'ensemble est parfait à l'Opéra, au Gymnase, au théâtre du Palais-Royal, au Vaudeville et aux Variétés. Il manque quelquefois à l'Opéra-Comique et au Théâtre-Français.

ENTERREMENT. Un comédien célèbre est entouré d'hommages pendant sa vie. Les prêtres le proscrivent après sa mort. Il ne fallut pas moins qu'un ordre de Louis XVIII pour faire recevoir les restes de Mlle Raucourt à Saint-Roch; et l'enterrement de Philippe, ancien acteur de la Porte-Saint-Martin, fut signalé par de scandaleux désordres, grâce à l'obstination des prêtres. Talma exigea, avant sa mort, qu'on conduisît directement son corps au cimetière. Cet exemple raisonnable a toujours été suivi depuis.

ENVIE. Maladie contagieuse dont pres-

que tous les acteurs et actrices sont atteints.
Préville était, dit-on, inaccessible à l'envie. Nous n'avons plus de *Préville*.

ÉQUIPAGE. M. Scribe, Mlle Mars, Mme Malibran, Mme Damoreau, Mlle Leverd, Mlle Noblet, en ont. Le commun des acteurs va à pied, et en *socques articulés*.

ESPRIT. Mlle Mars et Jenny-Vertpré savent ce que c'est. D'autres, à défaut d'esprit, ont *l'esprit d'intrigue*.

ESTIMABLE. Synonyme de médiocre, quand on l'applique au talent.

ESTIME. Le plus pauvre des succès. Il y a des auteurs qui aiment mieux les sifflets qu'un succès d'estime. Les directeurs préfèrent les *chûtes complètes* parce qu'ils sont dispensés de redonner l'ouvrage.

ÉTRANGER (Théâtre). Mine où nos arrangeurs puisent leurs sujets. *Marie Stuart*, le 3ᵉ acte de *trente ans ou la vie d'un joueur*, *la Mère au bal et la Fille à la maison*, *l'École des Vieillards*, *Marino Faliéro*, sont imités de théâtres étrangers

ÉTUDE (A l'). Autrefois, un ouvrage important restait trois ou quatre mois *à l'étude* au Théâtre-Français. Aujourd'hui un drame en 5 actes est reçu, appris, monté et joué, en 15 jours. Perfectionnement.

EXPRESSION. Le geste de Mlle

Noblet, le jeu de Mme Dorval; le chant de Mme Malibran, de Rubini, et de Nourrit fils; la physionomie de Mlle George dans *Mérope* et *Norma*; l'ingénuité de Mlle Mars, le naturel de Gontier, le comique de Potier, la bétise d'Arnal et d'Odry.

EXTRAORDINAIRES (Représentations). Un spectacle très-souvent ennuyeux avec augmentation du prix des places. Le tout annoncé pompeusemeut par une affiche de trois pieds de long.

F

FACE. La physionomie d'Odry dans *M. Cagnard*; celle d'Arnal dans *l'Humoriste* et *Heur et Malheur.* Saint-Aulaire et Sanson n'ont point de *face.*

FACILITÉ. L'esprit de M. Scribe ; la verve de Rossini et d'Aubert. Dans le monde littéraire, on cite l'extrême facilité de Jules Janin pour *trousser* un article, et dans le monde dramatique, celle de Bocage pour étudier un rôle.

FACTURE (Couplet de). Technique. Tartine de vers longue d'une aune que Lepeintre déclame à merveille. Ce genre de couplet commence à passer de mode.

FADE. Quelques pièces de Scribe et certains éloges de journaux.

FAILLITE. Inconnue au Gymnase, à la Gaîté, aux Variétés, à l'Opéra, au Théâtre - Français, au Vaudeville, à l'Opéra Italien, et au théâtre du Palais Royal.

FANATIQUE. Le fanatique est naturellement stupide. Il établit son quartier général à l'Opéra Italien, et bat la mesure à contre-sens.

FARCE. *La Reine d'Espagne*, *l'Auberge des Adrets*, *le Château de Chambord*, *les Cuisinières* et *Marion Delorme*.

FARD. Grace au fard, les actrices peuvent se dispenser d'avoir de la pudeur.

FÉERIE. Rococo.

FEU. Ligier et Frédéric en ont beaucoup, Firmin en avait trop, Menjaud n'en a pas assez, Volnys n'en a pas du tout. *Feu* se dit de la gratification que certains acteurs reçoivent en sus de leurs appointemens. Quoique Mme Moreau-Sainti n'ait pas de *feu*, elle touche des *feux*. Les feux varient de 3 à 50 fr. par pièce ou par soirée.

FIDELITÉ. Mot rayé du dictionnaire des actrices. Toutes ces dames sont fidèles... à leur dernier amant. On cite cependant la fidélité de la célèbre cantatrice M...... pour le violon B......, et celle de la célèbre danseuse N..... pour le général C.....

Tous les comédiens remplissent fidèlement leurs engagemens à l'égard des directeurs, et *vice versâ.* Consulter, à ce sujet, les dossiers du tribunal de commerce.

FIGURANT, FIGURANTES. Ilotes du monde dramatique. On a vu quelques-uns de ces pauvres diables s'élancer dans la carrière dramatique et y réussir : Chollet a été choriste à l'Opéra ; Vernet était figurant aux Variétés ; Frédéric a commencé par figurer à l'Odéon ; Mlle Bultel figurait à l'Opéra-Comique. Ils reçoivent communément de 4 à 800 francs par an, moyennant quoi ils sont tenus de brailler depuis dix heures du matin jusqu'à minuit. Dans les modestes rangs des figurantes se cachent souvent les sultanes favorites. En général, ces dames sont d'une laideur recherchée. Elles sont fort jolies au Palais-Royal et aux Variétés.

FINANCIER. Emploi inconnu aujourd'hui, non moins parmi les directeurs que parmi les acteurs. En province, il y a encore un emploi des *financiers*, mais ce mot n'a plus de valeur qu'*au figuré.*

FLATTEUR. *Journaliste.*

FOLLICULAIRE. Noms que les comédiens qui ont à se plaindre des journalistes donnent aux rédacteurs qui les *travaillent.*

FOYER. Chaque théâtre en a deux, le

foyer public et le foyer des acteurs. On cause et on bâille au premier , on médit et on se moque souvent des spectateurs au second. Il y a quelquefois plus de monde au foyer pendant la représentation que pendant les entr'actes. Les plus beaux foyers de Paris sont ceux de l'Opéra , de l'Opéra Italien , de l'Odéon , des Nouveautés et des Variétés.

FRAICHEUR. Mlle Mante en a encore.

FROID. Perlet et Samson sont froids, mais mordans et spirituels. MMme Falcoz et Moreau-Sainti sont froides et belles : nous ne leur connaissons que ces dernières qualités. Bordogni est le comédien *connu* le plus froid.

G

GALIMATHIAS. Une pièce de Victor Hugo , un opéra de Mélesville ou de Planard , un mélodrame de M. Victor Escousse , un vaudeville de M. de Villeneuve.

GANACHES. Elles abondent au théâtre. Blondin , du Théâtre des Variétés , est l'une des plus anciennes. Il joue bien cet emploi.

GARDE-ROBE. La réunion des costumes d'un acteur. Celle de Bocage est très-belle, celle de Frédéric est très-mesquine. La garde-robe est le thermomètre de l'ordre d'un comédien.

GESTES. Ceux de Mlle Mars sont simples et naturels ; ceux de Frédéric sont heurtés ; ceux de Bordogni sont ridicules ; ceux de Mme Damoreau sont *négatifs ;* ceux de Mme Malibran sont passionnés ; ceux de Lepeintre sont spirituels ; ceux d'Arnal et d'Odry sont bêtés ; ceux de Perrier sont brusques.

GLOIRE. Fumée. Tous les artistes ambitionnent la gloire, mais ils aiment encore mieux l'argent.

GRACE. Il y a des écoles où on l'enseigne. Mlles Pougaud et Amigo devraient bien y faire une station.

GRASSAIEMENT. Jawureck, Mlle Mélas, Mlle Leverd', Chéri.

GRATIFICATION. Elles sont rares de nos jours. M. Crosnier a accordé un mois de gratification à tous les acteurs qui ont contribué au succès de *Napoléon*, au théâtre de la Porte Saint-Martin.

GRATIS. Les représentations *gratis* n'ont jamais été si communes que de nos jours.— Il y a à Paris une classe de personnes qui ne vont jamais au spectacle que *gratis*.

GRIMACES. Mme Pisaroni est la plus

célèbre grimacière de notre époque. On reproche avec raison à Monrose de faire un peu trop de *grimaces*. Le comique de Bernard-Léon gît surtout dans les *grimaces*. Graziani est le grimacier par excellence.

GRIMER (Se). Changer l'expression de ses traits à l'aide de signes disposés d'après de certaines règles. Potier est, dit-on, le comédien de Paris qui se grime le mieux. Bocage était très-bien grimé dans *le Vieux curé*. Il est très-mal dans *Térésa*.

GRIMES. Emploi qui se perd aujourd'hui. Grandmesnil est le grime le plus célèbre de la scène française.

H

HABITUÉ. Il fait partie du matériel des théâtres. On le trouve ronflant à l'orchestre, ou se chauffant au foyer. Il connaît le montant des recettes, et il obtient quelquefois la faveur d'assister à une répétition générale. C'est, en un mot, un *parasite théâtral*, car l'habitué a toujours l'entrée gratuite. Il n'y a que les habitués des Bouffes qui paient pour bâiller.

HARDIESSE. L'audace est à la hardiesse ce que la nullité est au mérite modeste.

HARMONIE. Elle règne quelquefois à

l'orchestre, mais jamais dans les coulisses.

HÉRITIER. Bouchet a hérité de quelques rôles d'Armand, qui avait *hérité* de tous les rôles de Fleury. Dumilâtre a hérité de quelques rôles de Saint-Prix. Mlle Mante hérite de Mlle Mars. Ponchard a hérité d'Elleviou, et Chollet de Martin. Les comédiens français et les directeurs des théâtres *héritent* des auteurs dix ans après leur mort, c'est-à-dire ne paient plus de droits.

HIVER. Jadis c'était la saison des récoltes pour tous les théâtres.

HISTRION. Nom que l'on donnait autrefois aux acteurs. Rayé du dictionnaire moderne.

HOQUET. Le hoquet dramatique de Mlle Duchesnois est célèbre. C'est un moyen comme un autre pour produire de l'effet, mais le bon goût et le naturel le réprouvent. Talma en était tout-à-fait exempt. Mlle Georges sait s'en garantir quelquefois.

I

ILLUSION. Mlle Mars produisait autrefois une *illusion* complète dans les rôles d'ingénues. L'actrice disparaissait, et fai-

5

sait place au personnage. Talma, dans Oreste, dans Charles VI, dans Hamlet, dans Otello, dans Richard III, et dans une foule d'autres rôles, produisait une effrayante illusion. Peu d'acteurs modernes produisent un semblable effet.

IMPRIMEUR. Ce n'est pas sur lui qu'il faut rejeter les *boulettes* que l'on remarque si souvent sur les affiches.

INCENDIE. Le double incendie de l'Odéon n'est pas le fait le plus extraordinaire qui se rattache à ce théâtre. Mais ce qui a le plus étonné, c'est qu'on ait songé deux fois à reconstruire ce théâtre sur l'emplacement qu'il occupe aujourd'hui.

INDISPOSITION. Chapitre important de la vie d'une actrice. A-t-on une partie de plaisir, un fin dîner en cabinet particulier en perspective? vîte, une indisposition. L'amour-propre blessé provoque aussi les indispositions. Naguère, Mme Rigaut était souvent indisposée quand elle chantait avec Mme Casimir dans *les Deux jumelles.* Talma n'était jamais indisposé que quand il était malade. Il y a des artistes qui ne se portent jamais mieux que quand ils sont indisposés.

INDULGENCE. Il y a tel acteur pour lequel le public parisien a de *l'indulgence,* et qui serait impitoyablement sifflé dans la plus petite ville de province.

INSTRUCTION. Elle est indispensable à l'acteur qui se destine à la haute comédie, à la tragédie et au drame. Fleury n'en avait pas cependant : mais un instinct naturel extraordinaire suppléait au manque d'éducation première. Les acteurs de Paris qui ont le plus d'instruction sont Lockroy, Samson, Montigny, Desnoyers, Numa et Arnal. Un comédien instruit peut n'être pas bon, un comédien ignorant peut avoir de belles qualités.

INTELLIGENCE. Frédéric et Bocage en ont beaucoup ; André et Mlle Balthazard n'en ont pas du tout.

INTRIGUE. Elle siège au comité de lecture et a une voix prépondérante lorsqu'on refuse ou reçoit un ouvrage. C'est elle qui préside au choix des tours de faveur, à la distribution des pièces ; elle accorde les débuts et donne le monopole aux médiocrités littéraires.

J

JALOUSIE. Ver qui ronge les artistes en général, et les comédiennes en particulier.

JETON. Les membres des comités de

lecture recevaient autrefois un jeton de présence, d'une valeur plus ou moins forte. Aujourd'hui, ces messieurs jugent *gratis*, à tort et à travers.

JEU. Il y a peu d'acteurs dont le jeu soit le résultat d'une impulsion naturelle, modifiée par des recherches sérieuses ou de profondes études. La plupart des acteurs marchent, gesticulent, parlent. Leur talent est souvent un produit du hasard.

JOURNALISTE. Un homme d'esprit qui s'y connaît, a dépeint ainsi le journaliste : Indépendant, équitable, impartial, sévère sans cruauté, indulgent sans faiblesse, désintéressé dans l'éloge comme dans le blâme, assidu aux représentations dont il faut rendre compte, attentif à éviter le commerce des actrices et des acteurs; voilà ce qu'il devrait être.

JUSTICE. Perlet ne peut pas jouer la comédie à Paris.

L

LA. Pronom que l'on place en Italie avant le nom d'une actrice, et qui est un indice de célébrité. On dit la Pasta, la Malibran, la Méric-Lalande, la Sontag : on ne dit pas la Amigo, ni la Mélas. En France, le pronom la placé dans la même situation est une insulte. Personne ne s'aviserait de dire la Mars, la Damoreau, la Georges, ni la Déjazet.

LAIDEUR. C'est un grand défaut chez une actrice. La laideur a nui à Mlle Duchesnois et à beaucoup d'autres. La galanterie nous interdit de les nommer.

LARMOYANT (Le genre). On dit que c'est le plus facile. Nous ne sommes pas de cet avis, car il faut connaître profondément le cœur humain; pour imaginer des situations et peindre des caractères susceptibles de faire couler des larmes. Si le genre larmoyant était le plus facile, il y aurait beaucoup à rabattre des éloges que l'on accorde à MM. Casimir Delavigne et Dumas, car les ouvrages de ces auteurs qui ont eu le plus de succès appartiennent à ce genre.

LAZZI. Monrose, Odry, Potier, Arnal, Brunet, Legrand, Bouffé, Paul, etc., etc.

LIBRAIRE. Chaque théâtre a le sien. Ces messieurs paient une faible rétribution pour avoir le droit de vendre *l'Entr'acte*, *la petite Biographie des acteurs et actrices*, *le Dictionnaire des coulisses et les Journaux du soir*.

LIBRETTO. Nos poëmes d'opéras-comiques modernes.

LIBERTÉ. *Le Procès d'un Maréchal de*

France, aux Nouveautés, et le *Fossé des Tuileries*, aux Variétés.

LIMONADIERS. Ces messieurs profitent de la saison des bals masqués. Ils vendent à cette époque des refraîchissemens et des comestibles douze ou quinze fois plus qu'ils ne valent.

LOGE. Lieu témoin de plus d'une intrigue galante. Dans une loge grillée, on voit le spectacle sans être vu. Nous avons apperçu souvent aux premières galeries d'honnêtes maris, dont les tendres moitiés assistaient *incognito* au même spectacle en *loge grillée*. Les loges du ceintre sont destinées aux personnes qui ne vont au théâtre ni pour voir ni pour être vues. Celles de l'Opéra-Comique sont très-commodes. Les baignoires de la Gaîté sont également renommées et recommandées, à qui de droit.

LORD. Excellent titre pour plaire aux nymphes de l'Opéra.

LORGNETTE. On ne la braque jamais sur Mme Astruc.

LOUÉE (Loge). Petit carton que les ouvreuses du Théâtre-Français et de quelques autres théâtres placent indistinctement sur toutes les loges. Il y a un moyen infaillible pour les faire ouvrir sans être porteur d'un coupon de location.

LUCINE (Diane et Junon). Déesses très-connues dans les coulisses.

LUCRATIF. Un vaudeville de Scribe, un drame de Dumas, un opéra de Boyel-dieu, d'Hérold, d'Auber et de Mayer-Beer; une tragédie de Casimir Delavigne, et quelquefois un mélodrame de Victor Ducange.

LUSTRE. Le dessous de ce soleil des théâtres est occupé par les claqueurs.

LYRIQUES. Nous en avons trois à Paris. L'Opéra français, l'Opéra italien et l'Opéra - Comique. On chante bien aux deux premiers; on chante quelquefois bien au troisième.

M

MADAME. Qualification que prennent toutes les actrices. Elles sont dames en débutant.

MADEMOISELLE. Voir MADAME.

MAGASIN. Lieu où l'on dépose les armes, costumes et autres objets nécessaires au matériel des représentations.

MAILLOT. Corsage couleur de chair qui présente au regard de l'amateur, l'aspect des nudités embellies par l'imitation.

MALVEILLANCE. L'acteur chuté, l'auteur sifflé, attribuent cet accident à la malveillance.

MANNEQUIN. Voici sa description par un homme d'esprit : « Quand Paul, « sous les traits de Zéphyr, va pour enle- « ver la nymphe dont il est épris, un figu- « rant se substitue rapidement au premier « danseur, et court à sa place le danger de « se casser une jambe ou de se briser le « dos; mais quand le danger est beaucoup « plus grand, lorsqu'il s'agit, par exemple, « de précipiter un homme de la cîme d'une « roche élevée dans la profondeur d'un « abîme, comme dans ce cas il y a chance « de mort, on se sert d'une poupée de « carton appelée *mannequin*. En vérité, on « ne saurait assez rendre justice à l'huma- « nité de MM. les administrateurs de l'O- « péra. »

MEDECIN. Il y en a trois, quatre et plus encore attachés à chaque théâtre. Ces places, quoique non rétribuées, sont très-recherchées, parce qu'elles procurent une nombreuse clientelle. On a dit que le service des médecins était si bien organisé dans les théâtres, que, si une indisposition grave réclame des soins prompts et efficaces, soit dans la salle, soit sur la scène, aucun des enfans d'Esculape n'est là; à la vérité, et par compensation, ils y sont toujours lorsque le spectacle est intéressant et qu'on joue une pièce nouvelle.

MÉLODRAME. Chénier a dit que, le jour où le mélodrame deviendrait raisonnable, la tragédie serait perdue. Ce temps de prédiction est arrivé. Le mélodrame, ou pour mieux dire, le drame envahit tous les théâtres. Il menace même les Variétés et le théâtre du Palais-Royal, derniers refuges du genre comique.

MÉMOIRE. Lepeintre en a une imperturbable ; Mlle Mars la perd ; Bernard-Léon en manque souvent.

MÈRES. Les mères d'actrices sont célèbres à plus d'un titre. — Une mère de comédie est l'égide de la sagesse, la gardienne des bonnes mœurs, l'effroi des amours. On cite un excellent mot d'une mère qui a plusieurs filles : « Parlez-moi « de ma cadette, dit-elle, tout ce qu'elle « gagne, elle le rapporte à la maison. »

MERVEILLE. Mlle Mars, naguère ; Mlle Fay, à l'âge de dix ans.

MÉTHODE. Qualité du chant. On cite la méthode de Rubini, de Bordogni, de Ponchard et de Mme Damoreau. Il y a des amateurs qui réprouvent celle de Chollet ; nous ne sommes pas de leur avis.

MIME. Talma, naguère ; Mlle Georges, Mme Dorval, Frédéric, aujourd'hui. Le jeu mimique est une des parties essentielles du talent de l'acteur, et particulièrement du tragédien.

MONOPOLE. M. Scribe au Gymnase ; encore M. Scribe à l'Opéra et à l'Opéra-Comique ; M. Dumas à la Porte-St-Martin ; MM. Ducange et Pixerécourt à la Gaîté ; M. Ancelot au Vaudeville. M. Antier cherche aussi à créer un monopole en sa faveur. M. Desnoyers a essayé de monopoliser le théâtre des Nouveautés.

MORDANT. La diction de Monrose et celle de Lepeintre.

MOUSSER(Faire). Une succession d'articles favorables dans les journaux, et force claqueurs dans la salle.

MURMURES. Ils précèdent l'entrée en scène d'un artiste aimé, de Mlle Mars, de Mme Damoreau, de Rubini, de Lablache, de Mlle Georges, de Frédéric, d'Odry, d'Arnal, de Bocage, de Mlle Déjazet, de Mlle Verneuil, de Chollet, de Mlle Prévost, etc. Ils suivent aussi la sortie d'un sujet médiocre. Les murmures sont plus flatteurs que les applaudissemens, plus terribles que les sifflets.

MYSTÈRES. Traités d'amours, traités administratifs, lectures secrètes, succès, chutes, scandales, etc., etc. L'intérêt, la vanité, l'envie, déchirent les voiles qui couvrent les mystères.

N

NATUREL. L'art de Mlle Mars, de Mme Dorval, de Léontine, de Mlle Despréaux, d'Arnal, de Bouffé, de Bocage quelquefois, de Gontier toujours.

NIAIS. Ce genre de rôle est tout-à-fait usé, même au théâtre. Le public se charge quelquefois de remplir cet emploi.

NŒUD. Point capital de la poétique théâtrale, presque négligé aujourd'hui que l'on fait des pièces en tableaux, sans intrigue suivie, et qui n'ont le plus souvent ni nœuds, ni péripéties, ni dénouemens.

NOUVEAUTÉS. Une vieille intrigue rajeunie à l'aide de détails quelquefois spirituels, voilà ce qui constitue très-souvent *une nouveauté.*

NULLITÉS. Utilités grandes et petites. Faure, Dumilâtre, Bouchet, Trévaux, Scavarda, Ménétrier, Ossard, Hyppolite, André, Mlles Balthazard, Astruc, etc., etc.

O

ONCTION. Desmousseaux.

ORAGE. Tumulte qui s'élève au parterre à la première représentation d'une pièce nouvelle. Il est souvent provoqué par les applaudissemens des claqueurs. La chûte du rideau ne l'apaise pas toujours, car on a vu souvent à l'orage succéder la tempête, c'est-à-dire l'envahissement de la scène, la destruction des banquettes, des chaises, des instrumens de musique, etc. Les orages de *Germanicus* et de l'*Oreste* de Mély-Jeanin sont les plus célèbres.

ORCHESTRE. Paris possède trois orchestres excellens; celui de l'Opéra, dirigé par M. Valentino; celui de l'Opéra Italien, conduit par M. Vidal, et celui de l'Opéra-Comique, qui a pour chef M. Valentino.

ORGANE. Mlle Mars a un organe enchanteur; Mlle Mante a un organe dur et rauque; Mme Astruc a un organe désagréable.

ORIGINAL. Le *Pinto* de M. Lemercier l'était naguère; aujourd'hui c'est un ouvrage classique. Le goût a bien marché depuis Pinto, mais nous n'affirmerions pas que c'est dans la bonne route.

ORTHOGRAPHE. Accessoire inutile à la profession d'un comédien, et même d'un homme de lettres.

OUVERTURE. Symphonie qui précède le lever de la toile d'un opéra. Les plus célèbres sont celles du *Calife de Bagdad*, de *Jean de Paris*, de *la Dame blanche*, du *Mariage secret*, de *Robin des bois*, de *la Pie voleuse* et de *la Muette*.

OUVREUSE. Préposée à la garde des loges que l'administration ne paie pas, mais qui fait parfaitement ses affaires avec le public.

OVATION. Il fut un temps où les ovations s'étaient tellement multipliées, que l'on rappelait Frénoy à l'Ambigu, et Defresne à la Porte-Saint-Martin. À l'Odéon, à l'époque de la gestion de M. Bernard, nous avons vu quelquefois rappeler *en masse* tous les acteurs qui jouaient dans l'opéra, depuis M. Lecomte et Mme Montano jusqu'à MM. Masson et Rihoelle. Cela coûtait ordinairement cent billets de parterre au directeur.

P

PANTOMIME. Genre de spectacle renouvelé des Grecs, qui n'amuse plus beaucoup les Français. Mlles Bigottini, Noblet et Legallois sont nos mimes les plus célèbres.

PAQUES. Pâques est l'époque du renouvellement de l'année théâtrale.

PARADE. En terme de coulisses, *faire*

la parade, c'est jouer dans la première pièce, c'est-à-dire avant l'heure où la bonne compagnie arrive au théâtre. A ce compte, Molière fait la parade pour M. Scribe, quand on joue le *Misanthrope* et *Valérie*.

PARADIS. Le lieu le plus élevé de la salle, où va se placer ce qu'on appelle communément *le peuple*. Les spectateurs qui fréquentent le paradis sont ordinairement ceux qui s'amusent le mieux.

PARODIE. Imitation burlesque d'un ouvrage dramatique. *Les Petites Danaïdes* sont peut-être la parodie la plus plaisante qu'on ait faite. Lhéric parodie parfaitement Firmin, Frédéric, Mlle Schrœder-Devrient, Ponchard, etc.; Mlle Clorinde est d'un comique achevé dans ses parodies de Mmes Doche-Dussert et Léontine Fay; Boccage possède également un talent de parodiste très-distingué, mais il n'exerce qu'en petit comité.

PART. On ne sait pas à combien s'élève aujourd'hui la *part* d'un sociétaire du Théâtre-Français; mais nous savons que les sociétaires à tiers et quart de part ne font pas de brillantes affaires.

PARTERRE. C'est le souverain qui juge en dernier ressort les ouvrages dramatiques, quand on lui laisse la liberté d'émettre une opinion.

PENSIONNAIRE. Dans les théâtres érigés en société, le pensionnaire est, à l'égard du sociétaire, ce que, sous le régime féodal, le serf était à l'égard du seigneur. Pensionnaire est un terme générique sous lequel on désigne tous les artistes qui font partie d'un théâtre.

PÈRE NOBLE. Baptiste aîné et Lafargue étaient des pères nobles d'un talent distingué. Desmousseaux et Saint-Aulaire tiennent aujourd'hui l'emploi au Théâtre-Français. L'un des pères nobles les plus remarquables de notre époque, est, sans contredit, Ferville.

PERRUQUIER. Les perruquiers des théâtres ont conservé l'ancienne renommée dont jouissait ce respectable corps de métier. Ils sont, en général, bavards, furets, médisans, cancaniers, et presque toujours *gascons.*

PHYSIONOMIE. C'est la beauté théâtrale. Talma avait la physionomie tragique; Mlle Georges, Mme Pasta et Ligier possèdent aussi cette précieuse qualité. Le masque charmant de Mlle Mars convient tout-à-fait à la comédie. Monrose a la physionomie comique. Arnal et Odry ont une physionomie bête. Perlet a une physionomie froide.

PHYSIQUE. Cette expression sert à désigner, dans les coulisses, l'ensemble des qualités ou des défauts extérieurs d'un comédien. Davesne a un physique ingrat. Mlle Rose Dupuis a un physique enchanteur.

PLAN. M. Alexandre Duval excelle à tracer le plan d'un ouvrage dramatique. Alexandre Dumas, Victor Ducange et Scribe possèdent aussi cette qualité, que l'on n'acquiert qu'après une longue expérience.

PLEURNICHEURS. Mlles Volnais et Duchesnois au Théâtre-Français; Mlle Dupuis à la Gaîté. *Naguère.*

PLUIE. La pluie, au moment de l'ouverture des bureaux, fait manquer une recette. Un directeur de spectacle est non-seulement soumis aux caprices des artistes, à l'esprit des auteurs, à l'inconstance du public, à la mauvaise humeur des journaux; mais *le temps*, cette girouette qui dirige la nature, vient renverser les espérances, détruire les projets les mieux conçus. En été, il fait trop chaud; en hiver, il fait trop froid; en automne, il pleut; au printemps, la verdure, et une atmosphère douce invitent à la promenade. A trois heures, la recette est quelquefois assurée à mille écus; et à six, elle ne vaut plus cinq cents francs. Pauvres directeurs.

POLITESSE. Il y a des théâtres où les contrôleurs et les ouvreuses de loges ne savent ce que c'est.

POSES. Celles de Talma étaient simples, nobles, sévères et élégantes ; celles de Mlle Georges sont majestueuses ; celles de Mme Dorval sont naturelles et dramatiques ; celles de Mme Paradol manquent de grâce.

PROLOGUE. C'est une préface en action. Il est rare qu'on en face usage aujourd'hui.

PUBLIC. On l'encense et on le berne.

PUBLIC (Domaine). Les ouvrages dramatiques tombés dans le *domaine public*, c'est-à-dire, dix ans après la mort de leurs auteurs, deviennent la propriété des comédiens. C'est ainsi que les comédiens français ont hérité de Molière, de Corneille, de Racine, de Régnard, de Voltaire, et de tous les auteurs célèbres du dix-septième et du dix-huitième siècle. Cette législation a excité long-temps de vives réclamations. Mais nous n'en sommes pas encore à considérer les œuvres du génie à l'égal d'une maison ou d'une pièce de terre.

PYRAMIDAL. Expression inventée pour

6.

sigaler un genre de succès, dont le *Napoléon* de la Porte-Saint-Martin, celui du Cirque — Olympique; de *Henri III*, au Théâtre-Français; du *Mariage de raison*, au Gymnase; du *Joueur*, à la Porte-Saint-Martin; de *Marie-Mignot*, au Vaudeville; de *Robert-le-Diable*, à l'Opéra; du *Philtre*, au théâtre du Palais-Royal; de *Cagnard*, aux Variétés; sont des exemples.

Q

QUEUE. Quand à la Comédie-Française vous voyez *la queue*, c'est-à-dire, le public, s'étendre depuis les bureaux jusqu'aux approches de la cour d'honneur, et ainsi de suite dans tous les théâtres, vous pouvez dire qu'il y a succès, et succès productif. On dit que Martin s'assurait toujours, avant l'ouverture des bureaux, si la queue était longue sous le vestibule du passage Feydeau : c'est une petite faiblesse que n'avait pas Elleviou.

QUINQUET. Depuis que le gaz a envahi nos théâtres, le quinquet rococo est relégué dans les derniers emplois. Il aide aujourd'hui à l'éclairage des coulisses et des dessous de théâtres seulement.

QUIPROQUO. Le quiproquo est le plus ancien moyen de comique connu. Il est bien usé aujourd'hui, ce qui n'empêche pas certains auteurs de s'en servir dans toutes leurs pièces.

R

RAISONNABLE. Desmousseaux, Guillemin, Auguste, de la Porte-Saint-Martin, Thénard, sont des acteurs raisonnables. La raison convient aux rôles qu'ils jouent, et qui exigent seulement une diction sage et des gestes mesurés.

RAMPE. La rangée de quinquets qui, placée entre l'orchestre des musiciens et le théâtre, éclaire l'avant-scène. Ce mode d'éclairage est destructif de toute illusion, mais on n'a point encore trouvé à le remplacer convenablement. La rampe est favorable à beaucoup d'actrices d'une médiocre beauté, mais elle est fatale aux actrices douées de traits fins, mignons et peu caractérisés.

RANG. Il est déterminé sur l'affiche par l'importance réelle, mais plus souvent par l'ancienneté. Ce dernier usage est le plus raisonnable, car il évite bien des querelles d'amour-propre. Le public est le juge qui assigne le véritable *rang* que les artistes doivent occuper dans la hiérarchie dramatique.

RAPSODIE. Ce nom désignait dans l'origine les parties détachées et chantées des poëmes d'Homère. Aujourd'hui, il est synonyme *d'œuvre détestable.* Le public ne sera pas embarrassé d'appliquer ce titre aux ouvrages de quelque sauteurs modernes.

RECETTE. Rubini, Mlle Mars ; la réunion de Nourrit, de Damoreau et de Levasseur ; une comédie jouée par l'élite des acteurs du Théâtre-Français ; un vaudeville en trois actes joué par Volnys, Bernard-Léon, Lafont, Arnal, Mmes Albert, Doche-Dussert, Brohan, Vilmèn ; un ouvrage dans lequel Lepeintre, Déjazet, Paul, Potier, remplissent les principaux rôles ; un opéra dans lequel jouent Chollet et Mlle Prévost ; une farce composée pour Odry et Vernet ; une pièce de Scribe avec Léontine, Mlle Despréaux, Mme Carmouche, Mlle Jenny Colon, MM. Gontier, Paul, Legrand, Bouffé ; un drame composé par Dumas ou Victor Ducange pour Frédéric, Bocage et Mme Dorval ; une tragédie dans laquelle Mlle Georges joue un rôle important ; un mélodrame comme *Il y a seize ans,* dont les principaux rôles sont remplis par Marty, Adrien, Saint-Firmin, Lemesnil, Mmes Verneuil et Sauvage, voilà ce qui, par le temps qui court, fait encore recette.

RÉCIT. Partie importante et ennuyeuse

d'une ancienne tragédie. Ceux de *Phèdre*, d'*Athalie*, de *Mérope* et des *Templiers*, sont les plus célèbres.

REFUSÉ. C'est quelquefois la destinée d'une bonne pièce d'un auteur inconnu. Par ce que l'on joue, le public peut juger de ce que les comités de lecture refusent.

RÉGIE. Lieu où sont établis les bureaux du régisseur, et où se décident le plus souvent les débuts des jolies actrices. Un sopha est le meuble obligé d'une régie.

RÉGISSEUR. Il compose les spectacles, s'occupe de la mise en scène, applique les amendes, fait constater les indispositions, fixe l'heure des répétitions, et harangue le public dans les grandes solennités, c'est-à-dire lorsqu'il siffle. Le traitement d'un régisseur varie de mille écus à six mille francs par an. Pour le surplus de ses fonctions, *voir* RÉGIE.

RÉGLEMENT. Il y a un réglement affiché dans chaque théâtre. On ne peut mieux le comparer qu'à ces lois tombées en désuétude dont le pouvoir ne fait application que dans les grandes occasions.

RELACHÉ. Il est motivé quelquefois par le caprice d'un artiste ; plus souvent par la certitude de faire une trop mauvaise recette ; aux termes des réglemens adminsitratifs, un relâche de trois jours, sans cause majeure et permission de l'autorité, entraîne la perte du privilège.

REMISE. La 1re représentation de telle pièce aura lieu jeudi prochain, *sans remise*. Si vous avez des affaires, faites-les en toute assurance, et louez une loge pour le lundi suivant.

REMISE ou REPRISE. La reprise d'un ouvrage qui a joui des prérogatives de la vogue est rarement productive.

REMPLACEMENT. Titre que l'on donne à l'Opéra aux artistes du chant et de la danse qui ne sont ni premiers sujets, ni doubles. Il nous semble que le titre de *remplaçant* serait plus vrai. Un remplacement ne peut avoir ni migraine, ni indisposition, ni caprice. Ces prérogatives appartiennent aux chefs d'emploi.

RENTRÉE. Pour la rentrée de Mlle Mars, le Misantrope et *Valérie ;* pour la rentrée de Mme Damoreau ou de Nourrit, *le Philtre ou Robert-le-Diable ;* pour la rentrée Mme Albert, *Léontine ;* pour la rentrée de Mlle Déjazet, *le Philtre Champenois ;* pour la rentrée de Vernet ou d'Odry, *M. Cagnard ;* pour la rentré de Gontier ou de Léontine, pour celle de Frédéric, de Bocage, de Mme Dorval, etc., etc.... foule. Le lendemain dix lignes adulatrices dans chaque journal.

RÉPERTOIRE. Le plus pauvre est celui des Nouveautés et de l'Ambigu. Les plus riches sont ceux du Théâtre-Français, de l'Opéra-Comique et du Gymnase.

RÉPÉTITION. Elle se font en général fort mal. On y parle politique ; on y cancane ; on médit des uns et des autres , et ce dont on s'occupe le moins, c'est de la pièce en répétition. Pendant ce temps, le pauvre auteur sue sang et eau , et donne les artistes à tous les diables.

RÉPLIQUE (Technique). Le dernier mot ou la dernière phrase d'une partie du dialogue, une ritournelle dans l'Opéra, et quelquefois un geste convenu sont les signes auxquels chaque interlocuteur reconnaît que le moment est arrivé pour lui d'occuper la scène et de jouer son rôle. Quand il y a de la mésintelligence entre les acteurs, ils se font un malin plaisir de donner la réplique à faux , et il en résulte quelquefois un galimathias dont les habitués ou les initiés s'aperçoivent seuls. Donner mal les répliques est un excellent moyen pour faire échouer un débutant.

REPRÉSENTATION. Au boulevart, elle commence quelquefois à cinq heures. Ce jour-là, le véritable amateur se munit de son dîner, et on le voit au parterre et à l'amphithéâtre savourant avec délices la pomme normande, le marron dit de Lyon et le petit pain. Aux grands théâtres, le spectacle ne commence qu'à 7 heures ; et quelquefois par extraordinaire, à 6 heures et demie. Le rideau ne se lève qu'à 8 heures à l'Opéra Italien. Là, on ne va pas au spectacle pour voir, mais pour être vu. Une vieille ordonnance de police prescrit la fermeture de tous les théâtres à 11 heures. Cette ordonnance est tombée en désuétude. La représentation est une grande qualité dans un comédien. Mlle Georges, Mlle Rose Dupuis, Mme Moreau-Sainti et Mme Doche-Dussert, Eric-Bernard, Lafont, St Aulaire etc. etc.... la possèdent.

RÉPUTATION. Quelque chose que l'on acquiert à l'aide du talent, plus souvent à l'aide des journaux.

RESPECT. Ce que le comédien doit au public, et *vice versâ*. L'artiste qui peut être exposé aux humiliations du parterre, ne pratique plus un art, mais un métier dégradé. (Cette réflexion est d'un homme de beaucoup d'esprit, très-connu dans le monde dramatique.)

RETARDÉ PAR INDISPOSITION. A traduire quelquefois par *paresse*, *caprice*, *cabale*, etc.

RETRAITE. Moment que le public voit arriver avec peine quand il s'agit d'un ac-

teur dont il aime le talent. Trente ans de
service sont communément le terme des
travaux d'un comédien français. Mlle Mars
a dépassé depuis long-temps ce terme : elle
est maintenant aux appointemens de la société. St Phal, Dumas, Talma, les deux
Batiste ont été long-temps dans le même
cas. — Après trente ans de service, les
sociétaires ont droit à une représentation
à leur bénéfice.

RIDEAU. Les rideaux simulant drape-
ries du théâtre de l'Opéra, du théâtre-
Français et de l'Opéra-Comique sont d'un
excellent goût.

RIRE. Il a fait élection de domicile aux
théâtres des Variétés et du Palais-Royal.
Le Vaudeville néglige un peu trop les succès
de rire pour les succès de larmes.

RIVALITÉ. Maladie incurable dont sont
atteints les acteurs et surtout les actrices.
La rivalité dégénère très-souvent en haine.

ROLES. L'ancien théâtre admet une
nombreuse classification de rôles sous les
titres de : premiers rôles, jeunes premiers,
rois, confidens, pères nobles, financiers,
grimes, paysans, livrées, grandes coquettes, amoureuses, ingénues, soubrettes, mères nobles, caractères, etc. etc. Aujourd'hui
nous ne connaissons plus à Paris que des
premiers rôles, des amoureux, des comi-

ques; des premières rôles femmes, des
jeunes premières, des duègnes, etc., etc.
A l'Opéra-Comique, on disait les Martin, les
Solié, les Elleviou, les Philippe, les La-
ruettes, les Chenard, les Juillet, les Trial,
les Dugazon, les St. Aubin, les Gavaudan,
les Boulanger, etc., etc. Aujourd'hui, comme en Italie, on désigne les emplois sous
les titres de ténor, basse, baryton, soprano, mezzo-soprano et contr'alto. L'ancienne classification existe encore en Province.

ROUGE (Voir *Fard*).

S

SAGE. Epithète que l'on n'applique jamais à un artiste de talent. Jeu sage est synonyme de médiocre. Appliquée à la conduite d'une actrice, l'épithète de sage est
presque un éloge.

SALLE. Terme générique par lequel on
désigne l'intérieur de nos théâtres réservé
au public. Les plus belles sont celles de
l'Opéra, de la Comédie-Française, de l'O-
péra-Comique et de la Porte-St-Martin.
La plus jolie et la plus élégante est celle de
l'Opéra Italien.

SALUT. Trois saluts sont de rigueur

lorsque le régisseur vient faire une annonce au public. Les deux premiers sont pour les côtés du Roi et de la Reine, et le troisième pour les spectateurs. Le commissaire de police se dispense toujours de cette formalité lorsqu'il entre en communication avec le parterre.

SANTÉ. Voir Caprice, Parties de campagne, Amour-propre.

SAUVAGE. Le défaut dont les jeunes débutantes se corrigent le plus facilement.

SAUVER. Art qui consiste à escamoter une scène dangereuse, un couplet médiocre. Lepeintre aîné y excelle.

SCÈNE. La partie de la salle qui comprend le théâtre proprement dit.—Celle de l'Opéra est la plus vaste que nous ayons en France. — Le mot scène s'applique aussi aux subdivisions d'un acte. Une petite pièce en un acte en renferme quelquefois vingt-cinq, tandis qu'un drame en cinq actes n'en a pas un plus grand nombre. Autrefois, une belle scène suffisait pour sauver un ouvrage médiocre; aujourd'hui il faut moins ou davantage. — La mise en scène est devenue depuis quelque temps une partie très-importante de l'art dramatique. Nos théâtres lui doivent plus d'un succès productif. — Au Cirque-Olympique, la mise en scène est tout. Dans les ouvrages

de Scribe et de Dumas, elle n'est qu'accessoire. — La mise en scène de *Robert-le-
Diable* et des *Polonais* est admirable. —
M Adolphe Franconi passe pour un des
metteurs en scène les plus habiles de Paris.

SECONDÉ. M. ou Mme un tel ou une
telle a été parfaitement secondé par.........
En style du journal, fiche de consolation
aux médiocrités qui entouraient l'artiste
en vogue.

SECRET DE LA COMÉDIE. Un mys-
tère qui est connu de tout le monde, ex-
cepté quelquefois de ceux qu'il intéresse ;
ainsi, un mari, ou un amant trompé.

SEMAINIER. Régisseur temporaire du
Théâtre-Français. Les sociétaires seuls peuvent être semainiers.

SENSIBILITE. Mlle Mars, Léontine
Fay, Anaïs, Sauvage et Verneuil, en ont
beaucoup. Mme Moreau-Sainti et Falcoz
n'en ont pas.

SERMON. Louis IX de M. Ancelot.
A la 1re représentation de cette tragédie,
de mauvais plaisans demandaient le bénitier.

SERVIR. Les comédiens se *servent* entr'eux par une réplique ou un geste bien
donnés.

SÉVÉRITÉ. Le public de Paris est, en
général, plus indulgent que sévère pour les
comédiens. En province, c'est tout différent.

Fleury fut, dit-on, sifflé pendant quinze ans. Il redoubla d'efforts, et contraignit ses juges sévères à l'admirer. Exemple à suivre, non pour le public, mais pour les comédiens.

SIFFLET. Le porte-voix du machiniste. — Manière déshonnête de manifester son mécontentement. Le sifflet est un reste de barbarie que l'on devrait remplacer par le silence.

SINGE. Honoré s'est fait le singe de Potier ; Ligier se fait quelquefois le singe de Talma, mais il a assez de talent pour pouvoir renoncer à l'imitation. Naguère Mlle Verneuil *singeait* Mlle Mars ; elle a eu le bon esprit de renoncer à copier, et d'être originale à son tour. Silvestre singe Legrand. Les artistes ne singent jamais que ceux de leurs camarades qui ont du talent.

SITUATION. L'art de l'auteur dramatique consiste surtout à tirer des situations intéressantes d'un sujet donné. Un auteur habile la fait naître lors même qu'elle est le plus inattendue. Cet art, Scribe, Dumas, Victor Ducange, et quelquefois Ancelot, le possèdent.

SOCIÉTAIRE. Le Théâtre-Français est le seul qui soit encore organisé en société, et par conséquent où il y ait des sociétaires.

SOIGNER. Synonyme de chauffer (Voir

ce mot). Un homme, d'esprit a dit qu'un
acteur qui veut être aimé du public et es-
timé des connaisseurs, travaille avec cou-
rage, et *se soigne;* il n'a pas besoin d'être
soigné au parterre.

SONS (Filer des). Technique. Exercice
auquel les chanteurs se livrent pour s'assu-
rer de leur voix. On raconte à ce sujet le
fait suivant. « En 1823, au Conservatoire
« de Musique, dans le discours qu'il pro-
« nonça à l'occasion de la distribution des
« prix, S. E. le ministre de la Maison du
« Roi, marquis de Lauriston, entr'autres
« recommandations qu'il fit aux élèves,
« les engagea à *filer des sons.* Le conseil
« était excellent, mais il parut singulier
« dans la bouche d'un maréchal de France
« revêtu de tous les insignes de la gloire
« militaire. Le langage du professeur ne
« convient guère mieux à un guerrier que
« ne siérait au chef d'un orchestre, l'idiôme
« technique d'un stratégiste. » Mlle Pon-
gaud, MM. Camoin, Sallard, et autres
illustres, naguère aux Nouveautés, devraient bien filer des sons depuis le matin
jusqu'au soir.

SORTIE. *Faire une sortie,* c'est-à-dire
quitter la scène après une situation intéressante, dramatique ou comique. Mlles Mars,
Léontine Fay, Mmes Georges, Dorval, Le-

verd, MM. Lepeintre, Potier, Frédéric, Gontier, excellent à *faire une sortie.*

SOUBRETTE. Mmes Boulanger, Dupont, Brohan, Delattre, sont les meilleures soubrettes de Paris. Mme Astruc est la plus mauvaise.

SOUPLESSE. Secret du succès de Mazurier et de Guertier.

SOUTENIR. Synonyme de soigner et de chauffer. Un bon ouvrage, malgré l'appui de la cabale et les efforts de la malveillance, *se soutient* au Répertoire.

STYLE. Le style est l'homme, a dit Buffon. Dans ce cas, M. Ducange doit être verbeusement ennuyeux; M. Scribe, fade mais spirituel; M. Dumas, exalté et généreux.

SUBLIME. On ne sait plus ce que c'est, depuis qu'on a prodigué ce mot à tort et à travers.

SUISSE. Mort avec la révolution de juillet. On essaie de le ressusciter au Théâtre-Français.

SUJET. Rayé du dictionnaire dramatique, comme du dictionnaire du citoyen français.

T

TABLEAU. Scène à effet ; coup de théâtre qui termine ordinairement un acte, un final sans musique. Les auteurs de mélodrames et de pantomimes s'entendent surtout à imaginer des tableaux.

TAMTAM. On l'a remplacé par l'échafaud, qui est souvent moins dramatique que le son déchirant de cet instrument, dont les vibrations solennelles crispent les nerfs.

THÉATRES. S'entend également de l'ensemble d'une salle de spectacle, et de la scène seulement. Il y a aujourd'hui à Paris quinze théâtres, sans compter M. Comte et les théâtres secondaires, tels que les Funambules, Mme Saqui, le Théâtre du Luxembourg, celui du petit Lazari, etc.

TIMIDITÉ. Il y a peu d'actrices timides ; les coulisses aguerrissent.

TITRE. Moyen de succès que l'on négligeait autrefois, et que l'on exploite trop aujourd'hui. Les directeurs de province possèdent l'art de métamorphoser les titres et de déguiser ainsi la vétusté des pièces.

TOILE. Voir Rideau.

TON. Nos actrices ont en général un excellent ton. Il faut en excepter toutefois

Mme Astruc, Mlle Irma et quelques autres.

TONNERRE. Voir Orage.

TRADITION. Les traditions se perdent complètement aujourd'hui, parce qu'il n'existe plus de modèles capables de les transmettre à des élèves intelligens. Armand avait conservé les traditions de Fleury; il représentait à ravir les marquis de l'ancienne cour. Mlles Mars et Leverd ont conservé les traditions de Mlle Contat. Monrose a conservé les traditions de nos bons comiques. Il y a beaucoup d'acteurs tragiques et comiques qui n'ont d'autre mérite que de reproduire les gestes et les inflexions de voix de leurs devanciers. Ceux-là aussi se vantent de conserver les traditions. Ce ne sont que de plats imitateurs.

TRAGÉDIE. Rococo. Ce titre est remplacé par celui de *drame historique*. C'est toujours la même chose.

TRAITRE. Les plus célèbres, au théâtre s'entend, sont Stockleit, qui est mort récemment en Russie; Fresnoy, Defrène, Tautin, Philippe, et Frédéric Lemaître.

TRAVAILLER (Technique). Tous nos théâtres travaillent beaucoup. La mauvaise fortune a donné du zèle aux fainéans.

TRAVESTISSEMENS. Espèces de rôles dans lesquels excellent Monrose, Perlet,

Lepeintre aîné, Gontier, Fargueil, et Mlle Déjazet.

TRIBUNAL. Le Tribunal de commerce joue aujourd'hui un grand rôle dans les affaires de théâtre.

TRISTE. Vertu que possèdent beaucoup de pièces que l'affiche nous présente sous le titre de farce, parades, folies, etc. Perlet est un acteur un peu *triste*.

TROMBONNE. Joue un grand rôle dans la musique de Rossini.

TROUPE. On n'applique plus cette désignation qu'aux *rassemblemens* d'acteurs nomades qui parcourent la province.

TYRAN. M. de Pixerécourt est, dit-on, un petit tyran dramatique, ce qui ne l'empêche pas de diriger parfaitement le théâtre de la Gaîté.

U

UNANIMITÉ. Hier, le théâtre de....a reçu à l'unanimité un ouvrage de MM...., connus par d'innombrables succès (style de journal). Le jour de la première représentation arrive, et l'ouvrage reçu à l'unanimité tombe à plat. Fiez-vous donc au jugement de messieurs les membres des comités de lecture! *La Reine d'Espagne* avait été reçue à l'unanimité.

UNITÉS (Les trois). On exigeait rigoureusement l'observation des unités dans nos anciennes tragédies. Aujourd'hui, l'action dure tout le temps qu'il plaît à l'auteur, et le public fait volontiers cette concession au sens commun, pourvu qu'on l'intéresse ou qu'on l'amuse. *Trente ans* est le premier ouvrage dans lequel les trois unités ont été violées impunément.

UTILITÉS. Nullités.

V

VALET. Monrose, Sanson.

VOCALISATION. Exercice auquel se livrent les chanteurs ou ceux qui veulent le devenir. Sallard et Mlle Pougaud auraient grand besoin de vocaliser.

VOIX. Les plus belles *connues* sont celles de Martin et Laïs (naguère), Rubini, Nourrit fils, Levasseur, Mmes Malibran, Pasta, Sontag, Chollet, Mme Casimir, Mme Damoreau, Mme Clara-Margueron, Lablache et Tamburini. Pour être chanteur, il ne suffit pas d'avoir de la voix, mais encore de la diriger avec goût, avec méthode.

C'est un art que possèdent aussi les artistes que nous venons de citer.

Z

ZÈLE. Le compagnon du talent. Il n'y a que les nullités qui n'ont pas de zèle.

———————

NOTICE

Sur les Théâtres de Paris.

ACADÉMIE ROYALE DE MUSIQUE.

Ce théâtre est aujourd'hui l'un des plus suivis de Paris. Il a hérité de la vogue dont jouissait naguère l'Opéra Italien. Il est facile d'en expliquer la cause. L'Opéra, administré pendant long-temps par des hommes qui puisaient à la caisse de la liste civile le déficit mensuel que produisait leur gestion peu intelligente, luttait péniblement, avec son attirail usé de la vieille mythologie, ses chanteurs criards et ses opéras de Gluk, de Piccini, de Grétry, de Lemoine et de Lebrun, contre des chanteurs façonnés au goût moderne, et qui exécutaient avec une rare perfection les productions enchanteresses de Cimarosa, de Mozart et de Rossini. La musique dramatique, vive, légère, et si riche en motifs gracieux et chantans, de ces célèbres compositeurs, devait plaire à un public qui a le sentiment exquis de

8

tout ce qui est beau, et qui laissa bientôt Dérivis, Laïs, Nourrit père, Mmes Branchu, Grassari, Armand, etc., psalmodier dans le vide, pour aller se repaître les oreilles des brillantes mélodies des maîtres modernes, que faisaient valoir les Garcia, les Pellegrini, les Porto, les Barilli, les Debegnis, les Pasta, les Mainvielle-Fodor, les Cinti, les Barilli, etc., etc. Le goût de la musique de Rossini, exécutée par de pareils interprètes, devint bientôt populaire; on courut aux Italiens. L'Opéra, pour maintenir sa vieille renommée, dut faire un sacrifice à ce que les têtes à perruque appelaient la mode, et l'on chargea Rossini de présider à la révolution musicale, qui fut signalée par la représentation du *Siège de Corinthe*. Levasseur, Mlle Cinti et Nourrit fils furent chargés de l'exécution de ce nouvel ouvrage, qui obtint un très-grand succès, et qui décida tout de suite la question. *Moïse*, *le Comte Ory*, *Guillaume Tell*, également de Rossini; puis *la Muette de Portici* et *le Philtre*, de notre Auber, vinrent remplacer successivement au répertoire *la Caravane*, *Panurge*, *Armide*, *Iphigénie en Aulide*, *Didon*, *Orphée* et autres ouvrages, magnifiques sans doute, mais qui n'avaient plus le privilége d'attirer le public. *Robert-le-Diable*,

de MM. Scribe et Mayer-Beer, a trans-
formé tout-à-fait l'Opéra, de théâtre aris-
tocratique qu'il était, en théâtre populaire.
On court à cette œuvre bizarre, qui est le
produit de la réunion de tous les arts,
poussés à un degré de perfection inconnu
jusqu'alors. C'est d'abord une musique sublime, dramatique, chantante; qui réunit
à l'expression de l'école française la mélo-
die, les chants suaves et gracieux de l'école
italienne. Cette musique est exécutée par
des chanteurs qui n'ont peut-être pas de
rivaux en Europe, par Levasseur, Nourrit
fils, Mme Damoreau, Mlle Dorus; par
un orchestre admirable d'ensemble et de
précision; par des masses de chœurs magnifiques. Puis, ce sont des décors qui surpas-
sent en illusion tout ce qu'on nous raconte
de la peinture italienne; puis des danses
ravissantes, une mise en scène qui éclipse
celle de la *Muette*.

C'est avec cet ouvrage que M. Véron,
nouvel administrateur de l'Opéra, commence véritablement son heureuse gestion.

D'utiles et importantes réformes ont également eu lieu dans le genre connu sous le
nom de *ballet-pantomime*. La vieille mythologie, les *Flore et Zéphyre*, les *Psyché*,
les *Télémaque*, les *Jeux de Páris au mont
Ida*, etc., ont été remplacés par des ballets

dont l'action toute moderne parle davantage à notre intelligence et à notre imagination. *La Villageoise somnambule* appartient à ce nouveau genre que l'esprit de M. Scribe a arraché à la médiocrité dont l'ont frappé les *chorégraphes hommes de lettres.* L'exécution de ce genre d'ouvrages est confiée à un ensemble admirable d'artistes, au premier rang desquels figurent Albert, Perrot, Paul, Montjoie, Ferdinand, Coulon, etc., etc., Mmes Taglioni, Noblet, Montessu, Legallois, Julia Desvarennes, Pauline Leroux, Alexis Dupont, etc., etc.

C'est à l'aide de cette réunion, unique dans son espèce, d'artistes de tous genres, que l'Opéra se place naturellement à la tête de nos théâtres. Si l'on ajoute aux chances de réussite qui existent avec de semblables soutiens, une subvention de 800,000 fr., accordée par le gouvernement, on aura l'idée du spectacle qu'il est possible de déployer sur ce vaste théâtre, l'un des plus beaux de l'Europe, celui, sans contredit, où l'opéra moderne est exécuté avec le plus d'ensemble et de perfection.

THÉATRE-FRANÇAIS.

C'est le véritable représentant de la gloire

nationale de la France. Classiques et romantiques sont d'accord sur ce point, que
le Théâtre-Français, immortalisé par Molière, Corneille, Racine, Regnard, Des-
touches, Lesage, Dancourt, Laharpe, Delafosse, etc., etc.; et plus récemment par
Picard, Alexandre Duval, Raynouard,
Casimir Delavigne, Delaville, Mazères,
Dumas, et une foule d'autres hommes de
génie et d'esprit, est le premier théâtre du
monde. L'Espagne vous parle de Lope de
Vega, de Calderon, de Moratin, de Mar-
tinez de la Rosa; l'Angleterre, de Schake-
speare, d'Otway, de Dryden, de Sheridan;
l'Allemagne, de Goëthe, de Schiller, de
Varner, de Kotzebue; l'Italie, de Goldoni,
d'Alfieri et de quelques écrivains modernes;
chaque peuple enfin a ses auteurs dramatiques qu'il offre à l'admiration des autres
peuples; mais aucun théâtre de l'Europe
n'offre une réunion de chefs-d'œuvre, tragédies, drames, comédies de caractères,
de mœurs et d'intrigues, semblable au
nôtre. Ce n'est point le patriotisme qui nous
fait parler ainsi; le patriotisme appliqué aux
beaux-arts est ridicule : l'artiste doit être
cosmopolite. Mais il n'est point de genre
dans lequel nous n'ayons nos chefs-d'œuvre,
et n'eussions-nous que Molière, le divin,
le géant Molière, Corneille et Racine, nous

aurions encore la première littérature dramatique du monde.

Le théâtre affecté à la représentation de ces chefs-d'œuvre, est bien déchu de son ancienne splendeur; et cependant, c'est peut-être encore celui où la comédie, proprement dite, se joue avec le plus d'ensemble. Il y a, au Théâtre-Français, un parfum de bon ton, de bonnes manières, une élégance, une justesse de diction que l'on ne trouve point ailleurs. Le Théâtre-Français serait encore aujourd'hui le plus suivi de nos théâtres si, au lieu de se placer dans le *mouvement* littéraire après coup, il s'était placé franchement et tout de suite le premier à la tête de la réforme. Mais il n'a osé essayer du drame moderne qu'après la réussite de ce genre aux théâtres des boulevarts, et ses acteurs, qui devraient servir de point de comparaison aux autres, ont dès-lors été mis en parallèle avec les comédiens qui les premiers ont servi d'interprètes à la muse romantique. Et certes, *Henri III*, joué par Joanny, Firmin, Menjaud, Michelot et Mlle Mars, n'avait aucune rivalité à craindre. Mais, tiraillé en tous sens par les partisans de l'ancienne et de la nouvelle école, le Théâtre-Français ne put jamais aborder franchement le nouveau genre : il dut sacrifier aux vieilles idoles; et le public, avide d'émotions nouvelles, dut aller les chercher à la Porte-Saint-Martin et même à l'Odéon.

M. Taylor avait cependant compris sa mission. C'est grâce à son influence que les ouvrages de Dumas et de Victor Hugo furent joués; c'est grâce à son influence, et surtout à sa coopération éclairée, qu'il s'opéra de si utiles réformes dans la mise en scène, cette partie autrefois si négligée de l'art dramatique, et qui prête aujourd'hui un utile secours aux œuvres de nos écrivains. M. Taylor lutta contre des préjugés que le temps avait profondément enracinés, et il vainquit. Aujourd'hui, nous croyons que le Théâtre-Français peut se régénérer complètement sous l'influence de cet homme capable et spirituel. Grâce à lui encore, Ligier et Sanson rentrent dans le sein de la société, et une œuvre de notre Casimir Delavigne vient enrichir le répertoire. Mlle Mars aussi, prêtera peut-être l'utile secours de son talent, toujours jeune, au drame moderne. Avec cela, et une réunion d'artistes composée de Monrose, Joanny, David, Ligier, Sanson, Menjaud, Desmousseaux, Saint-Aulaire, Dailly, Geffroy, Marius, Perrier, Beauvalet, Grandville, Guiaud; Mlles Mars, Leverd, Dupuis, Mante, Desmousseaux, Brocard,

Menjaud, Anaïs, Valmonzey, le Théâtre-
Français peut lutter avantageusement contre tous les théâtres français, et se placer
à la tête de notre littérature dramatique.
Conservateur né des bonnes traditions,
c'est là que tous nos acteurs devraient
aller prendre des leçons d'élégance, de
bon goût et de diction. C'est à la représentation des chefs-d'œuvre de notre scène
que les auteurs doivent aussi aller puiser de
grandes et utiles leçons pour la culture de
leur art. Il n'est donc sorte d'encourage-
mens, de secours, que le gouvernement
ne doive accorder à ce bel établissement,
qui est, auprès des étrangers, le véritable
représentant de notre gloire littéraire. On
obtient des succès aux petits théâtres; mais
la réputation et la célébrité ne s'acquièrent
que sur la scène française.

OPÉRA-COMIQUE.

Ce théâtre a seul, à Paris, le privilége de
jouer un genre tout-à-fait national, et qui
a fait long-temps sa gloire et sa fortune.
L'Opéra-Comique n'était, dans son origine,
qu'une comédie à ariettes, dans laquelle la
musique était tout-à-fait accessoire. Le
siége de ce théâtre était alors à l'ancien
Opéra Italien. Plus tard, les comédiens ita-

liens s'installèrent à Feydeau ; puis il y eut
scission dans la troupe, et c'est à cette
époque que les deux fractions de troupe,
luttant l'une contre l'autre, faisaient représenter des ouvrages sur le même sujet
composés par des auteurs et des musiciens différens. Le beau temps de l'Opéra-Comique
fut d'abord celui où Monsigny et Grétry
enrichirent cette scène de leurs productions
pleines de fraîcheur, de grâce et de mé-
lodie. Plus tard, Méhul, Dalayrac, Della-
Maria, Chérubini, Kreutzer, Solié, Catel,
écrivirent pour des artistes qui avaient fait
des progrès dans l'art du chant, et dont la
méthode commençait à se rapprocher du
genre italien ; enfin, arriva Boyeldieu,
qui opéra une espèce de révolution dans le
genre, à l'aide de *Béniowski*, *Jean de Paris*, *le Calife de Bagdad*, *Zoraïme et Zul-
nare*, *ma Tante Aurore*, *le Nouveau Seigneur*, *les Voitures versées*, dernier ouvrage de l'ancienne école française, et *la
Dame blanche*, production charmante qui
vint satisfaire de nouveaux besoins et créer
de nouvelles sensations.

Le goût de la musique italienne, que
Rossini et d'excellens chanteurs étaient
parvenus à rendre populaire en France,
s'était infiltré dans nos théâtres. L'Opéra-
Comique devait céder au mouvement irré-

sistible qui l'entraînait, et une génération
de jeunes compositeurs s'apprêtaient à mar-
cher dans la route que leur avait tracée
Boyeldieu. *Le Solitaire, la Neige, Marie,
la Fiancée, Fiorella, Mazaniello, les
Deux Nuits, Fra-Diavolo, Zampa,* sont
les productions les plus remarquables de
cette nouvelle école, qui, à certains égards,
a détruit le cachet d'originalité dont était
empreint notre opéra-comique. Plusieurs
de ces ouvrages ne sont, en effet, que des
libretti dans lesquels les auteurs se sont ef-
facés complètement pour laisser briller, à
leurs dépens, le compositeur. Des chanteurs
plus parfaits furent indispensables pour
exécuter ces partitions hérissées de difficultés. Il fallut aussi une plus grande masse
de musiciens, d'instrumens à vent surtout
à l'orchestre, et beaucoup plus de cho-
ristes sur la scène. Les frais augmentaient
dès lors proportionnellement, tandis que
le vieux goût de la majorité du public
était toujours pour les comédies à ariettes
qui avaient charmé nos pères. Dès lors,
l'Opéra-Comique ne fut plus un théâtre
véritablement national. Il fut considéré
comme une succursale de l'Opéra, d'autant
plus que ce dernier théâtre, abandonnant
le *grandiose*, tendait à se rapprocher aussi

du genre que l'on jouait à la salle Ventadour. C'est à toutes ces causes qu'il faut attribuer la décadence, de notre Opéra-Comique, décadence qui fut réellement effrayante sous la direction de M. Lubbert, et qui s'est arrêtée depuis que M. Laurent administre ce beau théâtre. M. Laurent comprendra sans doute que, si une portion du public veut aujourd'hui beaucoup de musique, un orchestre formidable, des chœurs nombreux et bien nourris, des chanteurs exercés à la méthode italienne, une portion plus grande encore veut d'abord une pièce intéressante, dramatique ou comique, une pièce que le sens commun puisse avouer, et non pas un ignoble libretto comme les poètes italiens en composent moyennant 50 francs. Il comprendra aussi que ces ouvrages doivent être aussi bien joués que chantés ; et qu'une musique mélodieuse, riche en motifs gracieux et destinés à devenir populaires, comme il s'en trouve si souvent dans les ouvrages de Boyeldieu, d'Auber et d'Hérold, est bien préférable à une musique qui brille par la difficulté de l'exécution et par des masses d'harmonie dont l'audition peut chatouiller agréablement une oreille habituée à la science du contre-point, mais étourdit une oreille française, c'est-à-dire avide de chants gracieux et faciles à retenir.

Il y a dans la troupe actuelle de l'Opéra-Comique une foule d'acteurs qui peuvent concourir au succès de ce genre d'ouvrages. Mais des adjonctions, de nombreuses adjonctions, dans les hommes surtout, sont indispensables. Voici la nomenclature des sujets les plus précieux qui concourent aujourd'hui à l'exécution des ouvrages que l'on représente à l'Opéra-Comique : Chollet, Moreau-Sainti, Féréol, Etienne Thénard, Fargeuil, Henry, Lemonnier, Belnie, Ernest ; Mmes Prévost, Pradher, Boulanger, Martinet, et Clara-Margueron.

ODÉON.

Théâtre naguère destiné aux représentations de la troupe italienne, et qui convient mieux que tout autre à ce genre de spectacle, parce qu'il est fréquenté par des personnes qui ont, en général, le moyen de s'y faire transporter en voiture.

C'est à l'Odéon que nos auteurs et nos acteurs le plus en réputation aujourd'hui ont commencé leur carrière. Casimir Delavigne y fit jouer *les Vêpres siciliennes*, *les Comédiens* et *le Paria*, avant de donner *l'École des Vieillards* au Théâtre-Français, et *Ma-*

rino Faliéro à la Porte-Saint-Martin. Picard fit jouer à l'Odéon, naguère théâtre de l'impératrice, un très-grand nombre de jolies comédies. Soumet y donna *Jeanne d'Arc*, et plus récemment *une Fête de Néron*. Waflard et Fulgence composèrent de compagnie, pour l'Odéon, une foule de jolies comédies, telles que *le Voyage à Dieppe*, *les Deux Ménages*, *un Moment d'imprudence*, *le Célibataire* et *l'Homme marié*, qui eussent fait la fortune d'un théâtre de la rive droite de la Seine. D'Epagny commença aussi sa carrière à l'Odéon, où il fit représenter *Luxe et Indigence*, *l'homme habile* et *Lancastre*. Enfin Dumas composa pour l'Odéon *Stockolm et Fontainebleau* et *Napoléon Bonaparte*, qui n'est pas son meilleur ouvrage ; Alfred de Vigny, *la Maréchale d'Ancre* ; Bayard, *Ma Femme et ma Place*, une des plus jolies comédies modernes ; Fournier et Arnould, *l'Homme au Masque de fer*, drame palpitant d'intérêt.

C'est à l'Odéon que se formèrent Sanson, Périer, David, Prévôt, Frédéric Lemaître, Bocage, Lockroi, Duparai, Mlles Brocard, Anaïs, et une foule d'autres artistes remarquables. Sous l'administration de M. Bernard, avec l'opéra, la tragédie et la comédie, et sous celle de M. Harel, avec la tragédie, le drame et la comédie seulement, l'Odéon s'est élevé à un très-haut dégré de prospérité. La troupe, dans laquelle figuraient Mlles Georges et Noblet ; MM. Frédéric, Lockroy, Ligier, Ferville, était une des plus complètes et des mieux composées de Paris. C'est encore cet habile administrateur qui est à la tête de ce théâtre; mais il dirige concurremment la Porte-Saint-Martin, et les acteurs desservent les deux théâtres à la fois.

THÉATRE ITALIEN.

La vogue de l'opéra italien à Paris ne date que de dix ans. Avant cette époque, les opéras de Cimarosa, de Mozart, de Generali, de Paesiello et autres, n'avaient pas le privilége d'attirer la foule; mais Rossini survint. Génie sublime, il innova, créa une nouvelle école, opéra une révolution complète dans le chant, et parvint à rendre la musique populaire en France. C'est grâce à son influence que l'Opéra italien s'est régénéré, et que l'on y exécute aujourd'hui les partitions admirables des premiers compositeurs du monde. *Le Barbier de Séville* est le premier ouvrage de Rossini que l'on ait exécuté. Il était chanté par Garcia, Pellegrini, Porto, et Mme Mainvielle-

Fodor. D'abord il ne fut pas compris; mais peu à peu cette musique vive, légère et si profondément dramatique plut, et l'engouement se mêla bientôt à son succès. A la suite du *Barbier*, on joua *la Gazza ladra*, *il Turco in Italia*, *la Pietra di Paragone*, *l'Italiana in Algieri*, *Otello*, *Mose*, *Ricciardo e Zoraïda*, *l'Inganno felice*, *la Semiramide*, *Zelmira*, *Matilde di Shabran*, et tous ces ouvrages, exécutés successivement par les premiers chanteurs de la France et de l'Italie, les Garcia, les Pellegrini, les Donzelli, les Bonoldi, les Graziani, les Barilli, les Galli, les Cinti, les Mori, les Levasseur, les Pasta, les Sontag, les Mombelli, les Malibran, les Rubini, les Lablache, les Méric-Lalande, les Pesaroni, obtinrent un succès d'enthousiasme.

L'Opéra-Italien est un théâtre de bonne compagnie et d'excellent ton. Les meilleurs amateurs de Paris s'y donnent rendez-vous pour entendre exécuter, dans la perfection, les productions les plus sublimes de la musique. Aujourd'hui encore, quoique la troupe ne soit pas aussi complète que les années précédentes, il y a toujours foule à ce théâtre. Lablache et Rubini contribuent beaucoup à cet état prospère, que l'on ne pourra soutenir cependant qu'avec l'adjonction d'une *prima donna soprano*, car mes-

dames Raimbaux, Tadolini et Schrœder-
Devrient, malgré leur incontestable talent,
sont hors d'état de soutenir la comparaison
avec les Sontag et les Malibran.

VAUDEVILLE.

Le Français né malin créa le vaudeville.
De par Boileau, c'est donc un théâtre national. C'est un de ceux au moins que le
public parisien affectionne le plus, quoi-
qu'il regrette peut-être un peu le temps où
Barré, Radet, Desfontaines, Désaugiers agi-
taient les grelots de la Folie, et faisaient
chanter tous les soirs les joyeux refrains
que leur inspirait Comus. Le Vaudeville
n'a plus aujourd'hui le monopole du fou-
rire. Mais il a échangé son ancienne
marotte contre la dixième muse, imaginée
par Lachaussée, et exploitée par nos modernes dramaturges. C'est là que M. Ancelot a établi l'entrepôt général de ses drames,
et c'est Lafon, Volnys, Mmes Doche-Dussert et Albert, qui se chargent de l'exploi-
tation de l'établissement. Depuis deux ans,
le drame obtient beaucoup de succès au
Vaudeville, grâce au talent des artistes que
nous venons de nommer. Mais le directeur,
homme habile et d'esprit, entremêle son

répertoire larmoyant de pièces gaies qu'il
confie au talent d'Arnal, de Bernard-Léon,
de Lepeintre, de Mmes Brohan, Vilmen,
et d'une foule de jeunes acteurs et actrices
qui comprennent parfaitement ce genre,
que des auteurs spirituels, et M. Arago
surtout, exploitent encore. De la combi-
naison de ces différens ouvrages, résulte
un spectacle charmant, varié, et qui trouve
de nombreux amateurs, car, comme nous
l'avons dit, le vaudeville est et sera toujours *l'enfant chéri du public.*

VARIÉTÉS.

Le théâtre du genre grivois, des mœurs
populaires. Il y a huit ans, il possédait la
troupe de comiques la plus remarquable de
l'Europe. Les directeurs avaient eu le talent
de réunir dans un même cadre Potier,
Brunet, Tiercelin, Legrand, Odry, Vernet, Lepeintre aîné, Arnal, et trois ou
quatre actrices non moins célèbres. Depuis,
cette troupe de farceurs s'est disloquée :
Tiercelin est retiré, Legrand est au Gymnase, Lepeintre aîné et Potier au Palais-
Royal, Arnal au Vaudeville. Restent Brunet, Odry, Vernet, auxquels se sont ad-
joints Lhéric, Sylvestre, et quelques autres
acteurs qui contribuent, chacun dans son

genre, à former de la troupe des Variétés une des plus remarquables de la capitale par son ensemble. Nous regrettons cependant que l'homme d'esprit qui dirige ce théâtre, M. Dartois, abandonne quelquefois l'ancien genre, celui qui a fait la fortune du théâtre des Variétés, pour le drame ou la comédie musquée. *Cagnard*, *Chapolard*, *le Chevreuil*, *Carlin à Rome*, voilà les pièces qui conviennent à ce théâtre. Fi de l'opéra-comique, pour lequel il faut des chanteurs, et de la comédie à ariettes, pour laquelle il faut des acteurs musqués et à l'eau rose.

GYMNASE DRAMATIQUE.

Ce théâtre a commencé avec un privilége dont les conditions étaient assez dures. Mais l'habile administrateur qui dirige cette entreprise, M. Delestre-Poirson, ne se maintint pas long-temps dans les limites qu'on lui avait imposées, et il composa en peu de temps une troupe à l'aide de laquelle il pouvait jouer tous les genres avec une incontestable supériorité. Il eut aussi l'adresse de s'attacher M. Scribe, l'auteur le plus spirituel de notre époque, et une foule de petits chefs-d'œuvre joués dans la perfection résultèrent de cette heureuse al-

liance. La protection que la duchesse de
Berry accorda au Gymnase fit le reste. Ce
théâtre fut pendant long-temps le plus
suivi de Paris. Aujourd'hui encore, le Gymnase possède une réunion d'artistes qui
jouent avec une rare perfection le vaudeville musqué et de bon ton créé par M.
Scribe. Au premier rang se placent naturellement Gontier, Numa, Legrand, Bouffé,
Paul, Allan, Klein, Mmes Léontine Fay,
Jenny Colon, Despréaux, Jenny Vertpré,
etc., etc. C'est au talent de ces artistes
qu'est confiée l'exécution du *Mariage de
raison*, de *la Demoiselle à marier*, de
l'Héritière, de *Partie et Revanche*, du
Mariage d'inclination, de *la Seconde année*, de *Philippe*, d'*Une Faute*, de *la
Grande Dame*, de *la Mansarde des artistes*, de *la Demoiselle et la Dame*, de *la
Famille normande*, de *Michel et Christine*,
de *la Quarantaine*, et d'une foule d'autres
jolis ouvrages que l'on voit toujours avec
un nouveau plaisir.

THÉATRE DES NOUVEAUTÉS.

Malheureux est ce théâtre entre tous les
théâtres. Placé dans une situation très-
avantageuse, au centre du plus beau quartier de Paris, entre le Palais-Royal et les

boulevarts, il n'a pu rompre encore le charme défavorable sous l'influence duquel il a été ouvert. Il a possédé pendant dix-huit mois une des meilleures troupes de Paris ; mais les directeurs s'étaient avisés de faire chanter l'opéra à Volnys, à Bouffé et à Mlle Déjazet, et cet essai n'a point obtenu le succès qu'on en attendait. Depuis, de mauvais ouvrages, joués par une troupe ultrà-médiocre, ont lutté vainement contre l'indifférence du public et les efforts in-croyables d'un directeur honnète homme et capable. L'essai d'opéra que l'on a tenté récemment a été assez heureux ; mais il paraît que des difficultés se sont élevées entre les chanteurs et l'administration , et ces difficultés ont amené la dissolution de la troupe. Les meilleurs sujets se sont ré-fugiés à l'Ambigu, avec Armand ; les autres ont contracté des engagemens avec d'autres théâtres. Dans notre seconde édition , nous espérons qu'il nous sera permis de parler de la réouverture de ce théâtre et de sa si-tuation moins fâcheuse.

AMBIGU-COMIQUE.

Ce théâtre, long-temps malheureux, vient de passer aux mains d'un jeune acteur intelligent, M. Armand, qui, nous l'espérons, l'arrachera à la position fâcheuse dans laquelle il est depuis si long-temps. Nous attendons cet état de choses pour en parler plus longuement.

THÉATRE DU PALAIS-ROYAL.

Le plus jeune de nos théâtres, et déjà l'un des plus prospères, grâces à une position admirable, à un répertoire déjà très-varié, et à une troupe composée avec beaucoup d'intelligence, et qui présente un heureux ensemble de talens faits et de talens qui donnent beaucoup d'espérances. La direction de ce joli spectacle est confiée à M. Charles Poirson, frère de l'habile directeur du Gymnase, et à M. Dormeuil, ancien régisseur de ce théâtre. Les pièces les plus jolies du répertoire sont *les Chansons de Béranger, Rabelais, Scaramouche, le Philtre champenois, l'Ouvrière et la Chanteuse, l'Enfance de Louis XII*, et quelques autres ouvrages du répertoire de Potier. Les artistes les plus saillans, au talent desquels est confiée l'exécution de ces ouvrages, sont Potier, Lepeintre aîné, Philippe, Paul, Sainville, Dormeuil, Derval, Auguste, etc., Mmes Déjazet, Dormeuil, Eléonore, Théodore, Barroyer, Tobi, Pernon, Couturier, etc, Lemesnil et sa femme sont aussi engagés. On joue à ce théâtre le vaudeville grivois et des ouvrages qui tiennent le juste milieu entre le genre des Variétés et celui du Gymnase.

TH. DE LA PORTE-SAINT-MARTIN.

Ce théâtre a été bâti en quarante-deux jours. L'Opéra y joua quelque temps, puis il devint l'asyle du mélodrame et des ballets-pantomines. Le théâtre de la Porte-Saint-Martin est peut-être celui de Paris qui a obtenu le plus de succès extraordinaires. C'est là qu'ont été joués *le Passage du Mont-Saint-Bernard*, *la Pie voleuse*, *la Famille d'Anglade*, *le Vampire*, *le Solitaire*, *les Deux Forçats* (ouvrage qui a commencé la réputation de Mme Dorval), *Jocko*, *les Petites Danaïdes*, *les Frères féroces*, *Polichinelle vampire*, *Marino Faliero*, *Faust*, *le Joueur*, *Mandrin*, *le Commissionnaire*, *Napoléon*, *Antony*, *Richard Darlington*, etc. La troupe du drame est aujourd'hui l'une des mieux composées de Paris, grâce aux efforts successifs de MM. Crosnier et Harel. On y remarque Frédéric, Lockroi, Ferville, Éric-Bernard, Delafosse, Prévost, Delaistre, Jemma, Serres, Mmes Georges Weimer, Dorval, Noblet, Adolphe, Mélanie, etc. Cette troupe dessert, concurremment avec beaucoup d'autres acteurs et actrices, la Porte-St-Martin et l'Odéon.

THÉATRE DE LA GAITÉ.

L'un des plus anciens et des mieux administrés de Paris. La gestion appartient à MM. de Pixérécourt, Marty et Dubois. Un répertoire varié de bons mélodrames et de gais vaudevilles, joués par une troupe dont l'ensemble est le principal mérite, quoique des sujets supérieurs, tels que Marty, Adrien, Saint-Firmin, Lemesnil, Mmes Verneuil et Sauvage y dominent. Tels sont les élémens de réussite de ce théâtre, qui est très-aimé du public des faubourgs, et en général de la petite propriété.

CIRQUE-OLYMPIQUE.

Un spectacle unique dans son espèce, et tout-à-fait populaire, y attire constamment la foule. *Kléber, Poniatowski, le Vétéran, le Siége de Saragosse, la Prise de la Bastille, La Tour d'Auvergne, Irène, les Lions de Misore, l'Eléphant du roi de Siam, l'Empereur,* ont fait la fortune de ce beau théâtre, que continuent aujourd'hui *les Polonais,* ouvrage dans lequel sont retracées de grandes infortunes, et qui est monté avec un luxe inoui de dé-cors, de costumes et de mise en scène.

FIN.